ACCESO GRATIS *a la Lectura en la Nube*

Para visualizar el libro electrónico en la nube de lectura envíe junto a su nombre y apellidos una fotografía del código de barras situado en la contraportada del libro y otra del ticket de compra a la dirección:

ebooktirant@tirant.com

En un máximo de 72 horas laborables le enviaremos el código de acceso con sus instrucciones.

LA COMPETENCIA DECISORIA DE LOS JUECES

(Del silogismo jurídico al círculo decisional)

LA COMPETENCIA DECISORIA DE LOS JUECES

(Del silogismo jurídico al círculo decisional)

FCO. JAVIER PEREDA GÁMEZ

Doctor en Derecho, Magistrado

Miembro de la Comisión de Ética Judicial

Vocal de la Plataforma Familia y Derecho

ex Profesor de Derecho civil de la UNED y de Derecho procesal en la UAB

ex Profesor Ordinario, ex Jefe de Servicio (Jefe de Estudios) y

ex Director del Servicio de Formación Inicial de la Escuela Judicial

tirant lo blanch

Valencia, 2025

En caso de erratas y actualizaciones, la Editorial Tirant lo Blanch publicará la pertinente corrección en la página web www.tirant.com.

Dentro del control de los originales de libros de la colección Teoría de la Editorial Tirant lo Blanch, hemos establecido, además de los protocolos editoriales habituales, el sometimiento de estos a revisión ex ante por parte de dos pares académicos expertos. Este procedimiento redunda en la idoneidad de las obras que finalmente serán publicadas.

EDITA: TIRANT LO BLANCH
C/ Artes Gráficas, 14 - 46010 - Valencia
TELFS.: 96/361 00 48 - 50
FAX: 96/369 41 51
Email:tlb@tirant.com
www.tirant.com
Librería virtual: www.tirant.es
DEPÓSITO LEGAL: V-4217-2024
ISBN: 978-84-1071-837-1

Si tiene alguna queja o sugerencia, envíenos un mail a: *atencioncliente@tirant.com*. En caso de no ser atendida su sugerencia, por favor, lea en *www.tirant.net/index.php/empresa/politicas-de-empresa* nuestro procedimiento de quejas.

Responsabilidad Social Corporativa: http://www.tirant.net/Docs/RSCTirant.pdf

A mis padres y a los que los precedieron, a mis hermanos,
a Montse, a mis hijos, nueras y nietas.

A mis compañeras y compañeros y a mi profesión.

En justa correspondencia a lo que me dieron y por si puede servir
a las jóvenes juezas y jueces comprometidos en "hacerlo bien".

Índice

Prólogo 13

Presentación 17

Capítulo Primero
El juicio precipitado, casi siempre será errado 19

Capítulo Segundo
La prueba: A buen juez, mejor testigo 39

1. LA CAPTACIÓN 40
2. LOS ELEMENTOS PERSONALES DEL OBSERVADOR 45
3. LA INTERIORIZACIÓN 48
4. LA CONFRONTACIÓN 50
5. LA UTILIDAD 53

Capítulo Tercero
El análisis: El buen juez por su casa empieza 55

1. LAS AFIRMACIONES FÁCTICAS 60
2. LA PONDERACIÓN 63
3. LA CONFRONTACIÓN 69
4. LA ORIENTACIÓN (EL MATERIAL PROBATORIO DEPURADO) . 71

Capítulo Cuarto
Los referentes normativos: Hecha la ley, hecha la trampa 75

1. LA ELECCIÓN DE LA NORMA 80
   1.1 Normas y principios 83
   1.2 La norma jurisprudencial y el precedente 84
2. INTERPRETACIÓN JUDICIAL Y DEPURACIÓN 90
3. LA VALIDACIÓN DE LOS REFERENTES NORMATIVOS 100
4. LA CALIFICACIÓN JURÍDICA 107

Capítulo Quinto

La sentencia: Pleitos tengas y los ganes 111

1. LA PARTE DISPOSITIVA Y LA ESTRUCTURA DE LA RESOLUCIÓN 115
2. LA ARGUMENTACIÓN APLICATIVA 120
3. LA VIRTUALIDAD 130
4. LA FIRMA DE LA SENTENCIA 132
5. LA HELICOIDE DEL APRENDIZAJE Y LA FORMACIÓN PARA EL DESARROLLO PERSONAL 133

Capítulo Seis

Modelos de abordaje: La experiencia es la madre de la ciencia 141

1. EL PERFIL DIVERGENTE 149
2. EL PERFIL ASIMILADOR 152
3. EL PERFIL CONVERGENTE 154
4. EL PERFIL ACOMODANTE 156

Anexo I

Reflexiones sobre la competencia decisoria en casación: Justicia es agravio cuando no la aplica el sabio 161

1. LA FUNCIÓN DE INSTANCIA 162
2. LA FUNCIÓN CASACIONAL 168
3. LA REFORMA DE 2023 175
4. EL REFLEJO DEL CÍRCULO DECISIONAL EN LA CASACIÓN 179
   - 4.1 La captación, la interpretación, la valoración y la utilidad de la prueba 182
   - 4.2 Las afirmaciones fácticas, la ponderación, la confrontación y la orientación del análisis 187
   - 4.3 La elección, la depuración, la validación y la aplicación de los referentes normativos 188
   - 4.4 La parte dispositiva, la argumentación, la virtualidad y la firma de la decisión 192

Anexo II
Reflexiones sobre la competencia decisoria en el ámbito ético: Hable el sabio y escuche el discreto 197

1. LA PRIMERA FASE 201
2. LA SEGUNDA FASE 202
3. LA TERCERA FASE 202
   3.1 La integración social del juez 203
   3.2 La apariencia de imparcialidad 207
   3.3 El balance entre las libertades del juez y la garantía del justo proceso 209
4. LA CUARTA FASE 213

Prólogo

La obra que tengo el honor de prologar constituye una aportación excepcional y particularmente valiosa sobre la "fisiología" de la función de juzgar. Sobre cómo deben los jueces enfrentarse a los conflictos de los que conocen y abordar los complejos mecanismos conductuales, cognitivos, intelectuales y éticos que desembocan en la toma de la decisión.

Lo excepcional de la obra se justifica por la condición de juez de su autor. Si bien en nuestro país, ha habido valiosas aportaciones, principalmente desde la filosofía del derecho, sobre la teoría de la argumentación, el alcance del deber de motivación, los métodos de justificación y de valoración probatoria, lo cierto es que muy pocas han sido elaboradas por jueces. Realidad que contrasta con la de países de nuestro entorno jurídico-cultural más cercano, como Francia, Italia o Bélgica, y con la de los países del *common law* en la que los jueces han aportado algunas de las *reflexiones fundacionales* sobre la dimensión política, epistémica y normativa de su función. Creo que, en algún momento, merecería la pena profundizar en las razones que puedan explicar esta significativa diferencia.

En lógica conexión con lo excepcional, el muy alto valor del trabajo de Javier Pereda reside, precisamente, en la perspectiva interna desde la que analiza el complejo proceso que conduce a la decisión judicial. Nuestro autor se sitúa en el epicentro de dicho proceso desde el que identifica todas las secuencias decisionales y los problemas concurrentes para, a partir de ahí, ofrecer soluciones sin rehuir, al tiempo, las dificultades, algunas muy graves, para construir una buena decisión.

Y no podía ser de otra manera. El libro de Javier Pereda nos brinda un modelo de análisis de la función judicial en el que lleva trabajando desde hace más de cuarenta años. Desde el primer día que comenzó su singladura profesional, y por ello vital, como juez. Javier Pereda siempre se ha hecho, y sigue haciéndose, las preguntas fundamentales sobre cómo mejorar el sistema de justicia en un Estado Constitucional y el rol que en el mismo ocupan los jueces. El magistrado Pereda nunca ha cedido a la tentación del funcionalismo, de la comodidad, a los modos burocráticos e inanimados de decisión que, desgraciadamente, estimulados por el alud de casos que inunda nuestro sistema de justicia, parecen extenderse por nuestros tribunales.

El autor inicia su análisis en uno de los territorios más delicados y complejos como lo es el del llamado contexto de descubrimiento hasta llegar, finalmente, al de la construcción argumentativa y formal de la (s) decisión (es). Y lo hace formulándose, como anticipaba, un gran número de cuestiones.

Las primeras giran sobre el modo de acceder a la información probatoria, proponiendo un novedoso método que divide en fases —captación, interiorización, confrontación, utilidad— presentadas de manera clara y didáctica.

A continuación, se adentra en los muchos y graves problemas de valoración de los datos de prueba, aportando respuestas muy sugerentes que construye con un lenguaje también renovado, huyendo de viejas y conceptualistas fórmulas.

En el camino a la construcción de la buena decisión no rehuye, tampoco, todos los problemas relacionados con la selección/interpretación/depuración de la norma aplicable o, utilizando su terminología, de los *referentes normativos* entre los que incluye, también, a la jurisprudencia y a la que dedica interesantísimas reflexiones.

El texto nos propone un método circular de aproximación al contenido normativo de la decisión judicial. En medio de los problemas más complejos, algunos de altísimo calado constitucional, de la tensión tormentosa que envuelve el rol no fácilmente distinguible del juez aplicador/intérprete/creador del derecho relevante para el caso, el autor sale muy airoso y el lector altamente ilustrado y deseoso, seguro, de seguir interpelándose sobre las soluciones propuestas.

El libro continúa explorando el camino a la (buena) decisión, esta vez desde el análisis de la secuencia constructiva: la elaboración de la sentencia. Y lo hace enriqueciendo el análisis tradicional, desmenuzando los retos argumentativos y justificativos, poniendo el acento en las decisivas ideas de *virtualidad* de la sentencia —que obliga al juez a la toma de conciencia de las consecuencias que se derivarán de la misma— y de responsabilidad personal de quien decide. Y, en esa medida, llamando también la atención sobre la individualidad que caracteriza a todo proceso de toma de decisiones.

Sobre este componente del proceso decisional muchas veces invisibilizado, Javier Pereda nos propone una clasificación fascinante de los modos decisionales de los jueces, tan sugerente como las formuladas por Ost, Posner, Dworkin, Nieto o Garapon, distinguiendo entre jueces con perfil *divergente, asimilador, convergente y acomodante*.

El libro continúa analizando los singulares círculos decisionales tanto de la instancia como de la casación, con imprescindibles referencias a la historia del modelo de impugnación para aterrizar en la realidad casacional actual de la mano de la reforma de 2023. Todo ello nutrido, además, de reflexiones imprescindibles para entender la función de cada uno de los escalones decisorios en el sistema de justicia.

Y concluye con un repaso descriptivo, pero también problematizador de los deberes éticos que deben predeterminar la función de juzgar. Y lo hace de la mano de las fuentes normativas, tanto de *hard law* como de *soft law,* y de sentencias paradigmáticas del Tribunal Europeo de Derechos Humanos sobre esta decisiva cuestión. El autor sugiere, sin disimulo, que existe un alto grado de correspondencia entre el *juez éticamente virtuoso* y la *sentencia virtuosa*, lo que también comparto.

Y termino, *por exigencias del guión*. La obra que prólogo nos muestra, como hasta hoy nadie lo había hecho, cómo decidimos los jueces. Pero no solo. También nos propone algunas fórmulas para decidir mejor. Y lo hace desde la profunda convicción de que las sentencias no son solo piezas formales del ordenamiento jurídico, sino que constituyen el vehículo mediante el que se procura que agentes sociales que tienen intereses muy diferentes y aun antagónicos logren construir un espacio de convivencia colectiva mediante el uso de recursos racionales. De ahí, el empeño del autor en ofrecernos, desde su prolongada experiencia, algunas herramientas para que la decisión judicial transmita una sensación de corrección normativa, de transparencia y de *virtualidad* para la resolución eficaz de los conflictos.

Como decía con anterioridad, este libro es el producto de la reflexión honesta y profunda de un juez ejemplar que desempeña su función desde hace más de cuarenta años. El reflejo del compromiso indestructible de su autor con el ser y el deber ser. Lo que dota a la obra de un altísimo y extraordinario valor para todos aquellos interesados en conocer cómo deciden (y deberían decidir) los jueces.

Javier Hernández García
Magistrado del Tribunal Supremo

Presentación

Este trabajo es el resultado de muchos años de estudio y de práctica judicial. Las inquietudes iniciales surgieron, como juez novel, por el deseo de "querer hacerlo bien", por la convicción de que dictar sentencias no era tarea fácil y requería no solo de un profundo conocimiento del Derecho y de la realidad social, sino también de una intensa y continuada introspección. La sistematización que sustenta este estudio tiene su origen más próximo en mi experiencia como Profesor Ordinario, Jefe de Estudios y Subdirector de la Escuela Judicial española, labor que desarrollé a caballo del cambio de siglo, y que se ha enriquecido, desde el punto de vista aplicativo e intelectual, por la inquietud que he mantenido a lo largo de mi vida profesional respecto a temas que, surgiendo de la práctica judicial, afectan a la Filosofía del Derecho, a los derechos humanos y los derechos fundamentales, a las ciencias del hombre (psicología, sociología), a las ciencias puras y a las ciencias aplicadas.

El centro de mi preocupación ha sido siempre el estudio del trabajo del juez, del método real (raramente descrito) que utiliza para resolver, el estudio del proceso de toma de decisiones.

En este camino me ha ayudado de forma importante la pedagogía. Adaptada a la formación de adultos, a la formación judicial, me ha enseñado las claras concomitancias y la esencial identidad entre los procesos de aprendizaje y los procesos de toma de decisiones. El niño y cualquier persona aprenden a través de la experimentación, seguida del análisis (más desarrollado a medida que desarrolla el intelecto) y la confrontan con lo que ya saben o lo que se les transmite como sapiencial y luego optan, actúan, deciden. Cualquier persona y el juez cuando resuelve sigue el mismo camino: aprehende (es el mundo de las pruebas), analiza con reglas del pensamiento racional y crítico, confronta con los elementos normativos y toma una decisión (normalmente en forma de sentencia) con ánimo de provocar un cambio en la realidad.

Por otra parte, cada vez he experimentado más los paralelismos entre la toma de decisiones de los jueces y el proceso científico ("expediente prueba-error", proceso que accede al pleito en forma de prueba pericial), y también en el proceso judicial de toma de decisiones hay que seguir el método, estar atento a todas las fases para no desequilibrar la decisión (el resultado). Los rasgos de personalidad y de carácter de cada juez pueden inclinar a un enfoque más emotivo, o divergente, más técnico o asimilador, más convergente o avezado o más acomodante o práctico, pero estos rasgos (que no sesgos) pueden y deben ser compensados e incluso superados con una buena técnica.

A medida que la jueza o juez adquiere más experiencia, constituye nuevos referentes normativos, siempre que ello no suponga consolidar un sesgo o estereotipo, y en este trance se hace también más presente la significación ética.

El conocimiento del proceso de toma de decisiones de las juezas y jueces es fundamental para superar los sesgos (incluso ciegos), la crítica al subjetivismo de la decisión y la expresa o velada descalificación por una supuesta o real, pero no controlada filiación política, ideológica o de cualquier otro tipo por parte del juzgador.

En estos momentos en que tanto se habla de inteligencia artificial (supuestamente "objetiva") bueno será "humanizar" con un subjetivismo bien entendido las decisiones de la Justicia.

Capítulo Primero

El juicio precipitado, casi siempre será errado

La doctrina jurídica continental sobre el decisionismo judicial se ha desarrollado, durante mucho tiempo, ajena al subjetivismo jurídico, especialmente al psicologismo anglosajón. El racionalismo no acepta lo que ha considerado tradicionalmente elementos "contaminantes" procedentes de la naturaleza humana, como la personalidad, los sesgos, los sentimientos o las creencias. Como dice JUANES[1] la doctrina llamada psicológica, entroncada con el realismo judicial norteamericano, ha sido rechazada por la doctrina mayoritaria, cosa que no impide reconocer que detrás de una resolución judicial haya razones psicológicas. Solo en las últimas décadas se ha empezado a introducir la consideración de estos factores en la doctrina de la prueba, en la interpretación jurídica, en la teoría de la argumentación jurídica.

Este trabajo se centra en el proceso judicial de toma de decisiones (en el método para dictar la resolución judicial, la sentencia), y pretende justificar la tesis de que la sentencia no es la mera conclusión del silogismo jurídico cuya premisa mayor es la ley y cuya premisa menor son los hechos, no es el resultado de un camino meramente "lineal", sino que la toma judicial de decisiones responde a un esquema más complejo, "circular", en el que tenemos que considerar la definición del punto de partida, la apreciación probatoria, el análisis y la obtención del material probatorio depurado, la elección de los referentes normativos, su interpretación, ponderación y aplicación, la argumentación jurídica y el contexto de la decisión final. Intentaré demostrar que los jueces y juezas llevamos

---

1 JUANES PECES, A.: "La motivación de las sentencias: proscripción de la arbitrariedad. Problemas prácticos", LA LEY Penal nº 157, julio-agosto 2022, Editorial Wolters Kluwer, p. 4.

a cabo un proceso que no se limita a valorar las pruebas y aplicar el derecho, sino que pasa por una fase de "in- tensión" (tensión hacia adentro), el análisis, y por otra fase de "ex- tensión" (tensión hacia afuera), la construcción de la decisión, básicamente en torno a la argumentación jurídica y el estudio del contexto de la resolución y de sus efectos.

Este estudio quiere ser una aportación a la doctrina sobre la toma de decisiones que integre los aspectos racionales más tradicionales con los procesos de in-tención y de ex-tensión del intérprete, del decisor. Parte de la teoría sobre el aprendizaje de David KOLB[2] y destaca las concomitancias entre los procesos de aprendizaje y los procesos de toma de decisiones (pues no otra cosa es la sentencia judicial). Entenderemos así mejor, quizás, la sentencia, como presupuesto casacional, el producto de este proceso que el Tribunal Supremo o un Tribunal Superior de Justicia tiene como "objeto" de su trabajo. Podremos también comprender mejor cómo debe enfrentarse y resolver una juez o juez un problema o dilema ético[3].

PÉREZ LUÑO[4] concibe la actividad de juzgar como la síntesis de unas actividades de percepción, de argumentación racional y de decisión. La carencia de cualquier de estas tres dimensiones determinará el carácter incompleto o defectuoso del juicio. Este es el esquema sobre el proceso decisorio que más se asemeja al que defiendo en este trabajo, en que solo noto a faltar la consideración de los referentes normativos y la no distinción, en la argumentación racional, de la fase interna del análisis respecto de la fase externa de la justificación (aspectos sobre lo que luego volveré).

---

2 KOLB, D.: Experiential Learning: Experience As The Source Of Learning And Development, ed. Prentice-Hall, 1984. Hay una amplia bibliografía sobre las ideas de Kolb y su actualización (la más reciente: The Kolb Experiential Learning Profile 2021 Technical Specifications, vid.: https://learningfromexperience.com).

3 A estos dos ejemplos destinaremos los anexos de este trabajo.

4 PÉREZ LUÑO, A. E., "¿Qué significa juzgar?", DOXA, Cuadernos de Filosofía del Derecho, n.° 32, Alicante, 2009, pp. 151-176. http://data.cervantesvirtual.com/manifestation/285106

Para empezar, no hay duda de que cada decisión que los jueces y juezas afrontamos parte de un marco facilitado por las partes y del propio bagaje personal o profesional y que no se puede decidir sin apreciar las pruebas y analizarlas. El "punto de partida", la "inicial composición de lugar" del juez viene seguida de la captación, interpretación y valoración de la prueba, en aras a recolectar los elementos fácticos y, derivará al análisis, para acabar con la fijación de los "hechos probados", el material probatorio ya depurado. A partir de aquí, podemos haber generado ya la convicción decisoria o darnos cuenta de que todavía no la tenemos. Podemos tener ya una "parte dispositiva" en mente, un "fallo" que después tendremos que fundamentar en derecho y argumentar, pero siempre necesitaremos previamente situarnos en el "marco normativo" y en cada vez más casos (no solo en supuestos difíciles, de "frontera") puede concurrir una yuxtaposición de varios ordenamientos jurídicos que hay que "machihembrar".

Los jueces habitualmente empezamos nuestro trabajo, en la fundamentación jurídica de las sentencias (los Fundamentos de Derecho), con la descripción de un fundamento de derecho de "marco normativo". De esta forma estamos reflejando, a mi modesto entender, un abordaje inadecuado de los casos. Porque la Sentencia, desde la primera letra, no puede ser una "recogida de datos", ni un "apuntamiento" procesal. No me refiero al "corta y pega" sobrero, desgraciadamente todavía habitual, sino a situarse ante el problema desde las supuestas certidumbres prescriptivas y no desde las fácticas, a empezar la fundamentación por el derecho y no por los hechos.

Cuando el art. 209, 1ª LEC[5] habla del contenido del encabezamiento de la sentencia no lo hace en términos fundamentalmente

---

5 "En el encabezamiento deberán expresarse los nombres de las partes y, cuando sea necesario, la legitimación y representación en virtud de las cuales actúen, así como los nombres de los abogados y procuradores y el objeto del juicio. En los antecedentes de hecho se consignarán, con la claridad y la concisión posibles y en párrafos separados y numerados, las pretensiones de las partes

descriptivos, sino valorativos (especialmente si el juez considera necesario reflejar aspectos referidos a la legitimación o representación) y cuando la regla 2ª de ese mismo precepto describe cómo han de ser los Antecedentes de Hecho, no nos dice que resumamos el iter procedimental, sino que, con claridad y concisión, recojamos el "punto de partida" de lo que seguirá en el propio documento, es decir, las pretensiones de las partes, los hechos que entienden acaecidos, las pruebas propuestas —practicadas (el material probatorio recaudado) y el material probatorio depurado (los hechos probados)[6].

La redacción de una sentencia, en mi opinión tendría que iniciarse, por tanto, con el "punto de partida", continuar con la exposición del material probatorio recaudado y seguir con el estudio de los referentes normativos, de la argumentación jurídica y de la motivación. Se debe huir de empezar los "Fundamentos de Derecho" con la exposición del "marco legal", porque cada caso es diferente y no nos vale con apelar indiscriminadamente a la proposición normativa y dar por supuesto el presupuesto fáctico de la norma, objeto precisamente de la prueba. El presupuesto fáctico de la norma no es más que la normativización de diversas experiencias fácticas pre-normativas de una misma familia y hay que constatar si se corresponden o no con la del caso concreto que resolvemos.

---

o interesados, los hechos en que las funden, que hubieren sido alegados oportunamente y tengan relación con las cuestiones que hayan de resolverse, las pruebas que se hubiesen propuesto y practicado y los hechos probados, en su caso."

6 Ello conlleva un lectura y transcripción "con los ojos del juez" y no una copia literal, incluso "entrecomillada" (ni siquiera del suplico o petición de la demanda). Ya en esta parte de la sentencia es importante lo que el juez lee, lo que interpreta que se pide (y que no se pide). Debería decaer la costumbre de dejar en manos de la oficina judicial la "copia" de demanda y contestación en los primeros Antecedentes de Hecho o las expresiones "vacías", y, ya en fase de apelación o casación, la copia literal y entrecomillada de escritos alegatorios y fallo de las sentencias.

El proceso de toma de decisiones, como el del aprendizaje mismo, quiere seguir determinadas fases o pasos. Decidir es resultado de un proceso que pasa por haber captado, estudiado, contrastado y aplicado. Como un alumno, como un científico, el juez o jueza o el tribunal (y cualquier persona que tome decisiones) recibe los impactos de los hechos, la noticia de una realidad que no conoce, y los tiene que procesar, entenderlos. Si el nuevo conocimiento tiene antecedentes normativos (incluidos los cognitivos, la experiencia), se contrastan, validando o no el nuevo conocimiento, y si no tiene precedentes la decisión final, nueva, se asimilará en la memoria y será de futuro un nuevo referente. El conocimiento adquirido llevará al juez (y al alumno y al científico) a tomar futuras decisiones concordantes. Cuando se plantee de futuro un nuevo impacto fáctico, resurgirá la memoria para contrastarlo, porque es decidiendo que se aprende, y así se cerrará el círculo, sucesivamente, siguiendo la estela que nos marca KOLB.

Tomada del programa docente del École National de la Magistrature, no se me ocurre mejor manera de definir la competencia decisoria de los jueces que decir que es "la capacidad de tomar una decisión sensible y ejecutiva que se toma en su contexto, basada en la ley y los hechos[7]".

---

7 https://www.enm.justice.fr/sites/default/files/rub-devenir-magistrat/epreuves_et_programmes_3concours.pdf.
junio 2017, p. 3. El Programa cita la competencia decisoria junto con otras 12 competencias necesarias. La traducción de la versión inglesa ("Ability to make a sensible, enforceable decision that is adapted to its context, based on the law and the facts") me parece más adecuada que la francesa ("Capacité à prendre une décision, fondée en droit et en fait, inscrite dans son contexte, empreinte de bon sens, et exécutable"), porque cita antes el carácter razonable y ejecutable de la decisión y su consideración en el contexto que el fundamento legal y fáctico. "Make a decision" tiene también una connotación constructiva, procedimental (como proceso) que no contempla el "prendre une décision", centrada en el momento final.

He trabajado en otro lugar[8] la definición y el desarrollo de la competencia decisoria o decisional de los jueces en su aspecto formativo (formulación, contenido, secuencialización y evaluación), a partir del análisis de la planificación docente de la Escuela Judicial, de un trabajo de definición de competencias del Centro de Estudios Jurídicos y Formación Especializada" (CEJFE) de la Generalitat de Cataluña[9] y de un trabajo del Claustro de Profesores del centro sobre competencias profesionales. La fijación de competencias la entiendo vinculada a los estilos de aprendizaje (con base en la doctrina del aprendizaje experiencial de KOLB) y al factor "ecológico" o de contexto laboral, como referente válido para la definición de los procesos de toma de decisiones. Este trabajo intenta un apareamiento de la competencia decisoria (de entre todas las competencias definidas por la Escuela Judicial: técnicas, relacionales, funcionales, analíticas y personales) con las etapas del aprendizaje, asimilando estas etapas a las etapas del proceso decisional.

Claramente se ve la diferencia respecto a la consideración de la función sentenciadora como conclusión de un mero silogismo jurídico.

El punto de partida tradicional ha sido la consideración de que la ley constituye la premisa mayor y los hechos constituyen la premisa menor, de las que deriva la decisión o sentencia como conclusión. Si se me permite, invirtiendo la presentación tradicional, para recordar el silogismo iríamos de los hechos a la norma en un eje vertical, hacia bajo:

---

8 PEREDA GÁMEZ, F. J.: "Reflexiones sobre competencias y sobre la competencia decisoria de los futuros jueces en la Escuela Judicial Española", Revista de Educación y Derecho, Universidad de Barcelona, núm. 03, 2011.

9 El "Perfil Professional del Jutge de Primera Instància i Instrucció", del Centre d'Estudis Jurídics i Formació Especialitzada (CEJFE) del Departament de Justícia de la Generalitat de Catalunya, realizado en colaboración con la Escuela Judicial, del año 2006, que recoge una relación de competencias técnicas, analíticas, funcionales, relacionales y personales.

FIGURA 1

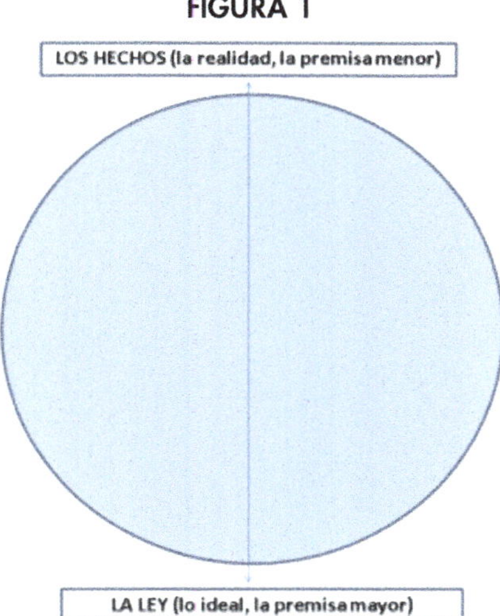

Así, por ejemplo:

a) PREMISA MENOR: "Se ha probado que el padre de una familia ha sido denunciado por un presunto delito de agresiones a la madre (testimonio del juzgado de instrucción)";

b) PREMISA MAYOR: La Ley dice que "no se puede atribuir la guarda al progenitor mientras se encuentre sometido a un proceso penal iniciado por atentar contra la integridad física del otro progenitor";

c) ERGO (CONCLUSIÓN): la sentencia será necesariamente desestimatoria de la petición de guarda monoparental paterna.

La simplicidad del método silogístico es patente y su insuficiencia, evidente. En primer lugar, porque, en el mundo real, la toma de decisiones nace de la existencia de un problema que tengo que estudiar y analizar y porque, en el mundo referencial, la solución no es nunca clara, ni unívoca y a menudo pide una interpretación y un proceso aplicativo. Además, no hay constancia del "punto de partida".

FIGURA 2

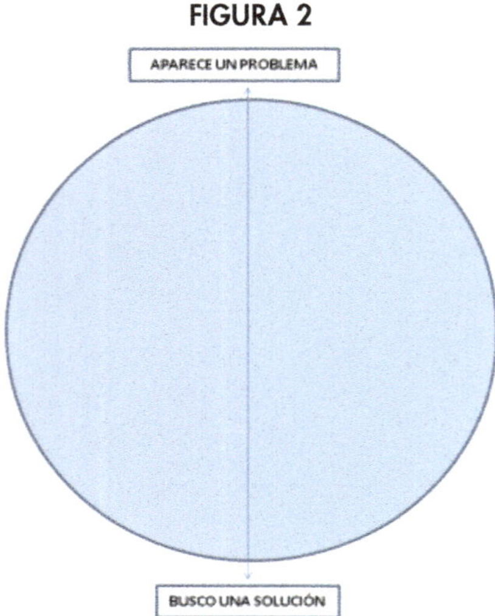

Estos dos mundos (los hechos y la ley, el problema y la solución) no son "puros": los problemas que los jueces estudiamos surgen en el contexto de un interés jurídico subjetivo, de una pretensión jurídica, de un determinado contexto de cultura judicial del operador (el "punto de partida"), amparada inicialmente en un referente normativo citado o invocado pero que quizás no es aplicable. El demandante dice siempre en su demanda que, respecto a lo que ha pasado (los hechos predicados), la ley le reconoce un derecho que el juez tiene que hacer efectivo. En el ejemplo que seguimos, la madre de familia afirma la agresión y quiere la suspensión de la relación entre padre e hijo. El hecho incluye varias preguntas (¿el padre es meramente denunciado?, ¿investigado?, ¿procesado?, ¿imputado?, ¿acusado?; ¿es falsa la denuncia, como dice el demandado?, etc.). Los hechos son generalmente "abiertos".

Y las soluciones, siempre genéricas y abstractas en su formulación ("[cualquier] progenitor mientras se encuentre sometido a un proceso penal") y equívocas respecto al hecho concreto, son el resultado o la solución que el legislador imagina para un supuesto histórico (en la ley concesiva) o ficticio (en la ley prospectiva), lo que denominamos "el presupuesto fáctico de la norma" (o si se quiere, el aspecto descriptivo de la proposición normativa), el hecho que ha imaginado el legislador, desestabilizador de la paz jurídica y cuya corrección se pretende con una consecuencia prescriptiva (no podrá ejercer la guarda). Y las fuentes no son únicas ni unívocas respecto al mismo presupuesto (la norma legal niega la atribución de la guarda, pero la norma jurisprudencial, por ejemplo, sopesa la afectación real del menor, se pregunta por "qué es la guarda", diferencia entre "violencia estructural" y "violencia habitual", entre la norma constitucional y la supranacional, defiende "el interés superior del menor", etc.).

Además, hay que profundizar en los dos extremos de este eje vertical, el de las premisas menor y mayor, el eje que va del problema a la solución.

FIGURA 3

Los dos extremos del eje son complejos. El "problema" es una experiencia concreta que se afronta desde otras experiencias acumuladas. No es un acceso "desnudo" a la realidad. Y afrontarlo requiere del uso de los sentidos y también de los sentimientos (porque es un problema "humano") y demanda una adecuada conformación de la comunicación, con un emisor adecuado, un canal común de comunicación y un receptor apto. Y la solución no se encuentra sin el uso del intelecto, de la abstracción, de la memoria y de los valores (implícitos en las normas). La ley niega la guarda al progenitor agresor porque es valor superior la protección del hijo, se modula excepcionalmente el régimen relacional si puede ser un bien para el niño, etc.

Cada problema, cada pregunta (en términos dialógicos) la plantea una parte, de forma que los problemas y preguntas se acumulan y hace falta un método para afrontarlas y responderlas.

Pero no observamos, oímos, aplicamos los sentidos y los sentimientos y los referentes en una línea directa, de la que surja automáticamente la decisión, sino que usamos otros elementos. En la definición mencionada de la École de la Magistrature la ley y los hechos están en la base del proceso decisorio, pero están presentes otros elementos fundamentales, como la capacidad, la sensibilidad, la consideración del contexto o la ejecutividad.

Esto nos obliga a analizar "el eje horizontal", a ser conscientes de la necesidad de estudiar, para comprender adecuadamente el proceso decisorio, los procesos de in-tensión y de ex-tensión, de análisis "hacia adentro" y de exteriorización "hacia afuera", inherentes a la función de juzgar. La observación no es meramente contemplativa, sino reflexiva. No solo constatamos los hechos, sino que los analizamos, los interpretamos, los valoramos con el fin de, después de un contraste normativo, producir un cambio en el estado de las cosas que vincule a los litigantes. El juez no solo reflexiona, sino que actúa, de forma que su decisión final es una decisión experiencial, activa, ejecutiva, un pronunciamiento que, sin ninguna duda, cambia la realidad, la de los litigantes y a veces la de terceros. Es también una nueva experiencia que acumula el juez o jueza en su vida, un nuevo bagaje para su *background* con el que afrontará nuevos problemas, nuevas decisiones.

Se puede representar este eje horizontal, primero interno, después externo o manifestado, de derecha a izquierda (esto nos permitirá leer todo el círculo en el sentido de las agujas del reloj), de la siguiente manera:

FIGURA 4

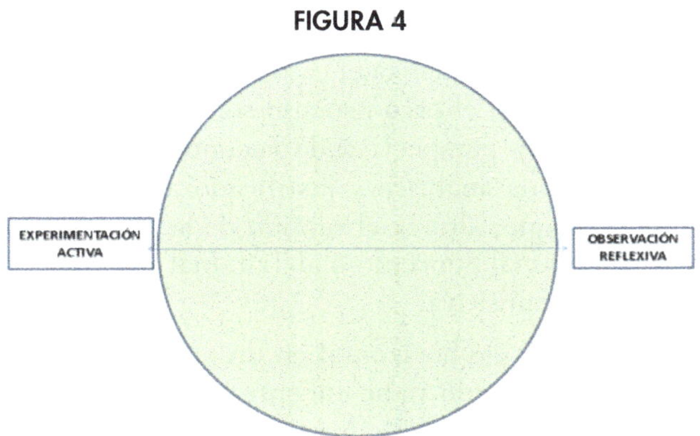

Está claro que no admitimos un juez o jueza que se límite a plasmar la parte dispositiva de la resolución, sino que le exigimos que haya analizado el caso (si realmente el padre es o no un agresor, si la agresión está probada, si los hijos lo han sufrido de una u otra manera, si les perjudica o les beneficia seguir manteniendo la relación paterno-filial). No hay decisión sin una observación activa, sin extraer de los hechos, de las preguntas, del material probatorio ofrecido, el que sea realmente relevante, a través de su depuración hasta obtener la "cosecha", el material probatorio recaudado. Y también exigimos que el juez motive, que explicite sus razones interpretativas o aplicativas (si una persona "denunciada", "acusada", etc., se tiene que considerar "sometida" o no a un proceso penal, si está amparada en la ley una excepción relacional, etc.) y esto lleva a la experimentación activa. No hay decisión válida sin exponer las razones, sin demostrar conocimiento. Dicho de otra manera, del problema el juez pasa a las preguntas y de las respuestas a la motivación, a la argumentación de la solución.

Este es un proceso personalísimo, diferente para cada juez o jueza. Los procesos de aprehensión y valoración probatoria y los de interpretación legal (en el eje vertical) tienen vocación de generalización, buscamos que el método sea siempre el mismo sea quien sea el juez que tenga que resolver, hasta el punto de establecer mecanismos de control de los hechos (a través del recurso de apelación) y del derecho (a través del recurso casacional) para garantizar la uniformidad. Pero cómo analiza el caso un juez y cómo argumenta la solución, si ni uno ni el otro proceso son estrambóticos, tienen vocación individual y perspectiva de reconocimiento. Otra cosa seria negar autonomía analítica y justificadora al juez, desacreditándolo y, de retruque, alterar el sentido de la función casacional, concibiendo el Tribunal Supremo o al Tribunal Superior como una tercera instancia, inquisitiva.

Por lo tanto, en el eje horizontal en un extremo busco las preguntas y en el otro, cuando ya he encontrado las respuestas, muestro conocimiento, aprovechando los referentes normativos.

FIGURA 5

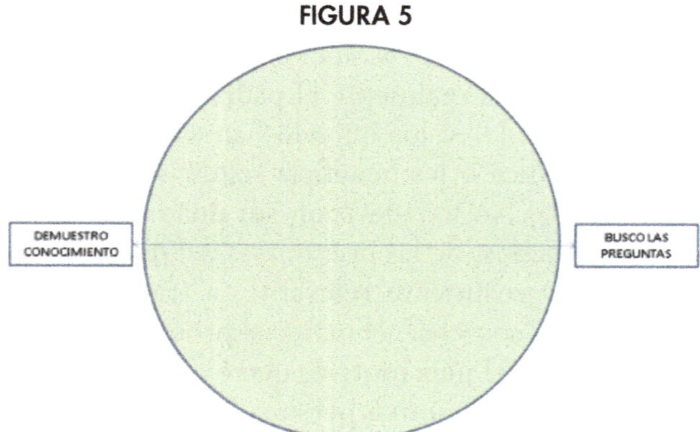

Debo responder a las afirmaciones fácticas de las partes a la luz del material probatorio recaudado (admitiendo o rechazando que los hechos afirmados hayan sucedido o valorando que los hechos son otros, distintos parcial o totalmente de los que relatan las partes). Las respuestas no se pueden encontrar sino a través del análisis, de ejercicios de ponderación, de confrontación y de orientación. Y la depuración, el material probatorio depurado, será la base (después de la consideración de los referentes normativos), de la argumentación y la motivación. Hay, evidentemente, un diferencial, pues no todas las preguntas que sugiere el caso, desde el punto de vista fáctico, llegarán al puerto de la final motivación. En el contexto de "descubrimiento", en la primera fase, el juez o jueza quiere "convencerse", a través de vinculaciones lógicas o formales, "justificarse", vincularse a los hechos. En el contexto de "justificación", externo, pasado el tamiz de la referencia normativa, busca vincular los hechos con la norma con base en "buenas razones", tiene que dar las razones para "convencer" a los destinatarios de la sentencia, tiene que elaborar un discurso justificador, externo. El primer paso no transciende del todo, el segundo es público y busca "fallar", decidir y así cambiar la realidad. Una situación que estaba en *stand-by*, pendiente del proceso decisorio judicial, se pone en marcha en una línea de cambio, de progresión (en el sentido de movimiento). El juez ha permitido la guarda del menor al progenitor agresor o la ha negado, ha establecido un régimen de relación entre padre e hijo o lo ha erradicado. Y ello a través de un mandato imperativo, que se cumple.

FIGURA 6

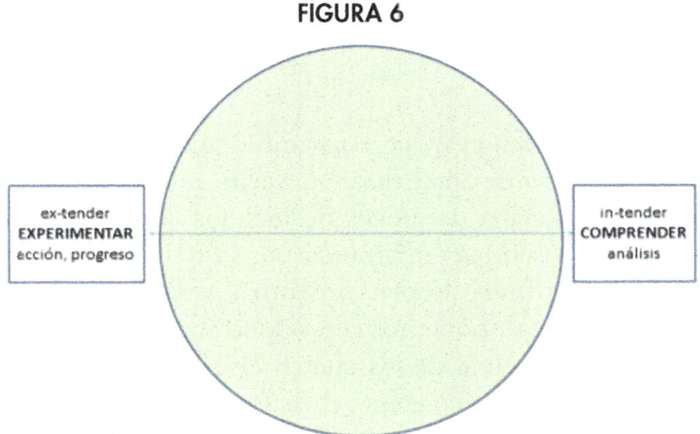

El ejercicio interno, de "in-tensión", que ha producido una "tensión", es decir un esfuerzo para comprender los hechos a través del análisis racional, lleva al juez a la "ex- tensión", una "tensión" hacia afuera, a justificar un cambio en la realidad y a la ejecución de aquello que ha resuelto.

En términos técnico jurídicos se puede decir que la primera de estas fases horizontales (a la derecha) se corresponde con la deliberación (individual o colectiva), específicamente sobre los hechos, y la segunda, con la plasmación de la decisión en la sentencia. Por lo tanto, la lógica jurídica encuentra su lugar natural en la primera y la motivación y la argumentación, en la segunda.

FIGURA 7

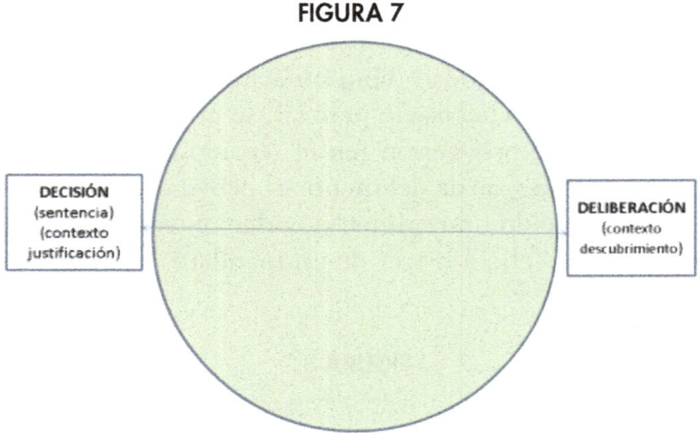

La tesis que mantengo y que estoy intentando exponer es transposición del proceso de aprendizaje descrito por KOLB y asumido por la principal escuela de jueces de Estados Unidos de América (*National Judiciary College*) y también por la RJUE en Europa[10]. Si desarrollamos esta línea de pensamiento y teniendo en cuenta su carácter instrumental, podemos reproducir internamente el círculo decisional en cada una de las cuatro fases del proceso (experimentación, observación, conceptualización y argumentación) o, en

10 El "Manual de la REFJ sobre Metodología de Formación Judicial en Europa", 2016, trabaja también a partir del modelo de estilos de aprendizaje de adultos de Kolb.

términos procesales: el mundo de la prueba, el de la deliberación, el de los referentes normativos y el de la decisión.

FIGURA 8

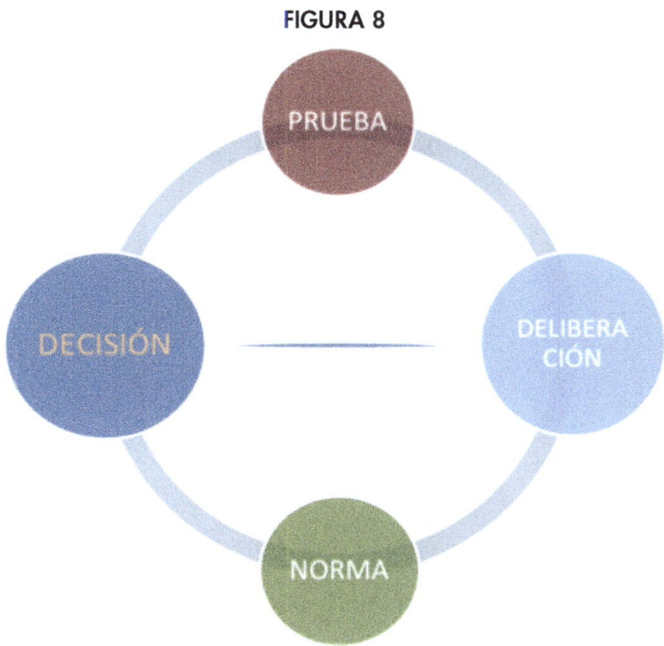

Más en detalle, cada fase supone, a la vez, la reproducción interna del proceso de aprendizaje y del proceso decisorio. Como cualquier persona que experimenta y aprende, los jueces y juezas al enfrentarse a la prueba, primero experimentan, captan, aprehenden, después interpretan e interiorizan el material probatorio recaudado, en tercer lugar, lo validan con referentes anteriores (normativos, legales o experienciales) y finalmente lo depuran y concluyen su utilidad.

La primera fase puede venir representada de esta forma:

FIGURA 9

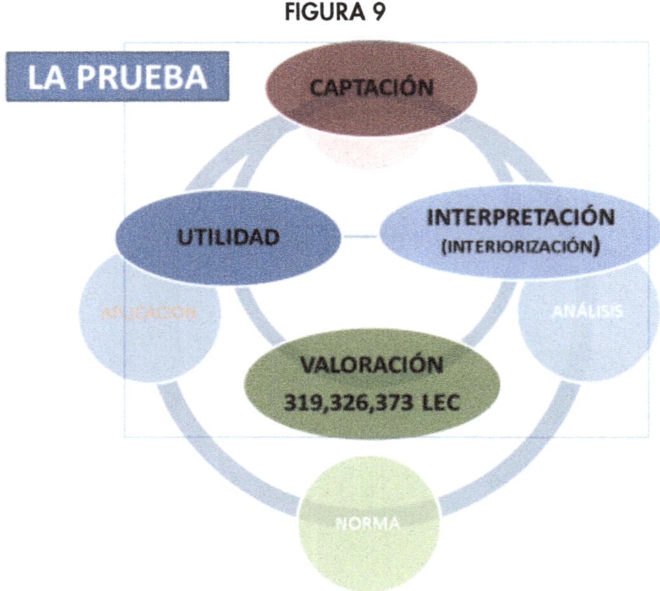

La apreciación y fijación de los hechos por el juez no es directa, sino resultado de someterse a una captación conformada por un emisor adecuado, un canal común de comunicación (y con un código compartido) y un receptor apto. Una vez recibido un impacto sensorial, quizás también emocional, el juez o jueza tiene que interiorizar e interpretar las pruebas a la luz del punto de partida, contrastar con las reglas de valoración y extraer el material útil, el material probatorio depurado, como presupuesto de la fase siguiente, la de análisis o deliberación.

Están presentes en esta fase los criterios de valoración de la prueba. En esta primera fase y con el fin de convencernos de los hechos y su viabilidad procesal, contrastamos elementos normativos (las reglas de valoración probatoria o las máximas factuales de experiencia, por ejemplo). El final de esta primera fase da como resultado la definición del material idóneo, en bruto, para solucionar el conflicto. Habremos seleccionado por criterios de utilidad.

Un camino parecido, de aprendizaje, se produce cuando los jueces o juezas deliberan (solos o en colegio), cuando reciben los impactos del ordenamiento legal y, finalmente, cuando redactan la sentencia.

Cabe advertir que no siempre es posible darse cuenta de que se ha llevado a cabo el *iter* completo, ya porque alguno de los pasos se sobreentienda, ya porque, acumulado por la experiencia, el contraste se elida (quede implícito), ya porque la simplicidad del supuesto nos lleve aparentemente a considerar de forma directa lo captado como útil, el análisis como orientado, el hecho como calificado jurídica y normativamente o la decisión como firme (afirmada). Todo ello puede provocar en el observador del proceso la sensación de que alguna parte de los círculos interiores es eventual o no existe.

La segunda fase se puede representar así:

FIGURA 10

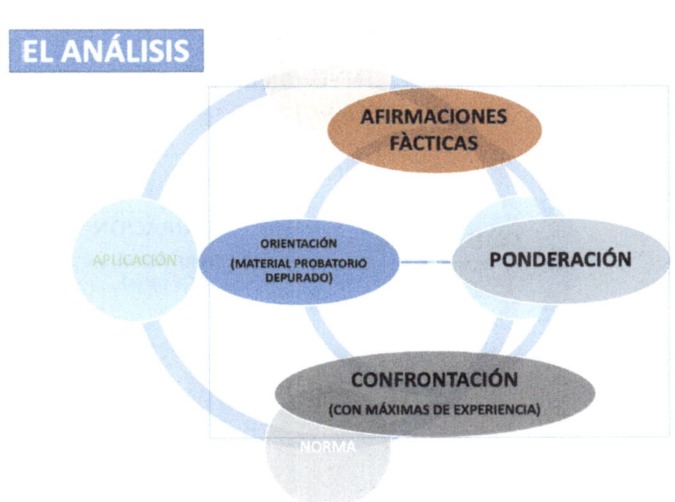

El ejercicio intelectual de analizar las pruebas, de preguntarse y resolver los problemas que el material probatorio recaudado por el

juez o jueza provoca, tiene como material básico las afirmaciones fácticas, que, asentadas en las pruebas, acabarán traducidas en motivos o argumentos de validación o de rechazo.

Las partes han afirmado factualmente y el juez, en esta fase decisiva, la segunda, ejercita una actividad intelectual intensa, de abordaje y de ponderación. Estos retos intelectuales tienen que ser contrastados, o confrontados con máximas lógicas de experiencia y conducen, una vez validado el juicio, a dejar fijado el material probatorio depurado. El juez o jueza se orientan así a la subsunción de los hechos, a su encuadre en el presupuesto fáctico de la norma a aplicar, que es su natural destino.

La tercera fase la represento así:

FIGURA 11

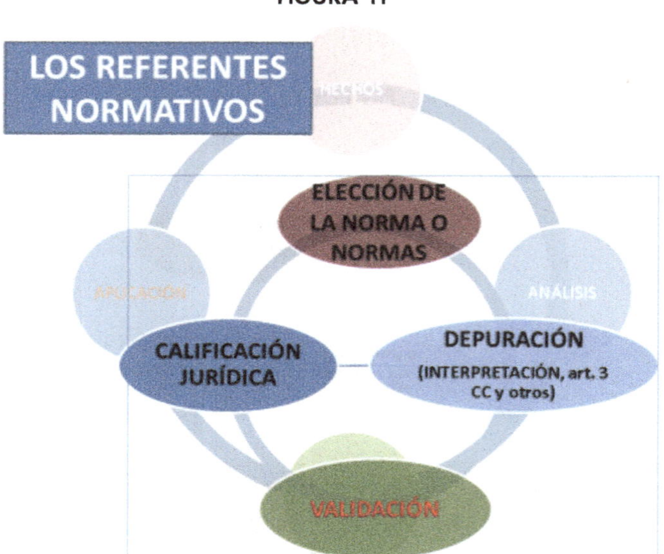

En esta tercera fase, la identificación del referente normativo supone, en un ordenamiento jurídico multi-sistemático, la elección correcta de las leyes aplicables, formales, materiales, territoriales, etc.

Su depuración lleva a los criterios de interpretación de la norma y después a su validación con los valores (fundamentalmente, la validación a la luz de los derechos, principios y valores constitucionales, de los valores sociales que informan el ordenamiento jurídico y de la conformación ética del juez), siempre en vistas a la aplicación final y efectiva de la ley.

Por último, la cuarta fase vendría representada de esta forma:

FIGURA 12

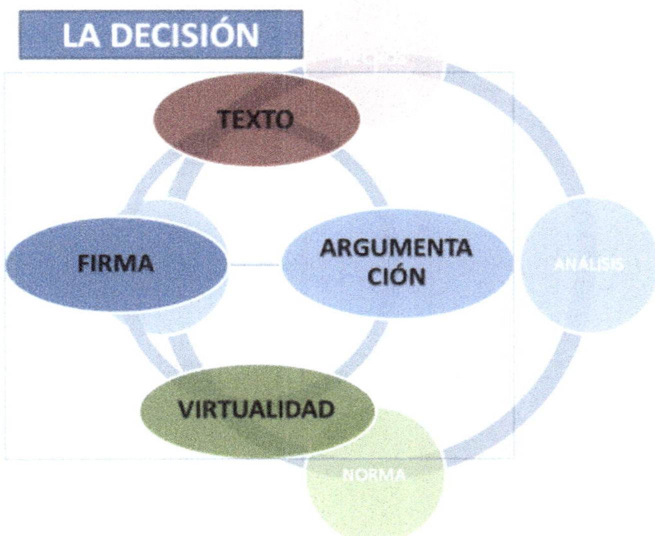

El círculo decisional en la cuarta fase, la de la decisión, implica también *checks and balances*, a través de una redacción de la sentencia, un texto, que acoja una buena argumentación, que pondere los efectos que puede producir la decisión y que finalmente adquiere fuerza ejecutiva a través de su firma.

Fijada la utilidad de la prueba, orientado el análisis, completada la calificación jurídica, solo le resta al juez o jueza, al redactar, argumentar bien, sopesar la virtualidad de la decisión (su contexto, sus efectos, su vigor, su mayor probabilidad de eficacia y de transformación de la realidad) y firmar.

Capítulo Segundo

La prueba: A buen juez, mejor testigo

La primera fase del proceso decisional gira en torno a la captación de la realidad. Al igual que cualquier otro aprendiz, el juez o jueza se somete, en las condiciones que le marca el punto de partida de su labor, a la captación o aprehensión de los hechos. Después interioriza y analiza los impactos recibidos, buscando entenderlos. Para llegar a fijarlos como admisibles, a efectos de resolver el caso, tiene herramientas normativas que le ayudan, reglas de valoración legales o usuales y, tras este contraste, podrá ya identificar el material probatorio recaudado, el que le será útil para entrar en la fase de análisis.

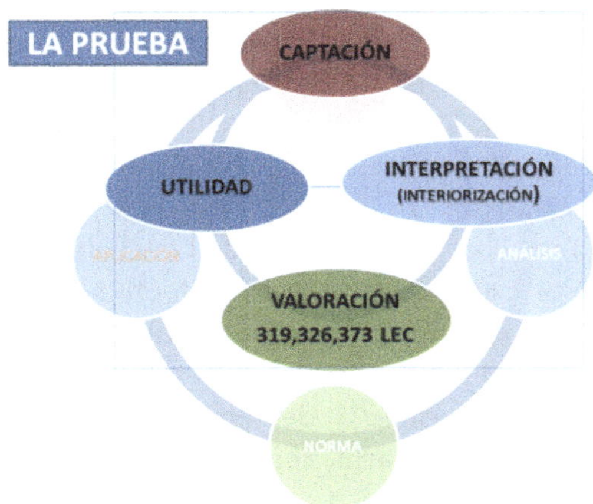

Dice la sabiduría popular que "a buen juez, mejor testigo", lo que, en mi opinión, significa que el profesional bien preparado extraerá el mejor partido de las declaraciones y de las demás pruebas que practique. El cuidado en la acogida, las cualidades empáticas, la selección de las preguntas relevantes, el uso adecuado de las facultades del interrogatorio de oficio o una buena técnica procesal ayudan sin duda para hacer de las pruebas personales la mejor fuente de prueba. El proceso circular que intento exponer debe ayudar a la validación o invalidación de cualquier prueba, cualquiera que sea su origen, también las materiales.

1. LA CAPTACIÓN

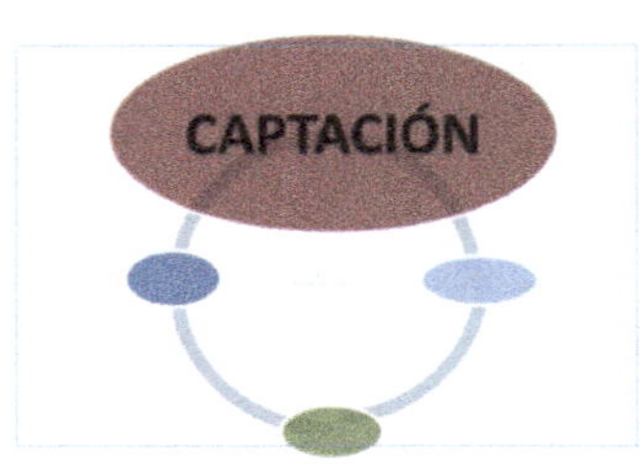

En el sentido de este trabajo, juzgar supone, en primer lugar y como primer paso, una actividad orientada a percibir, a captar una realidad, a través de ciertas aproximaciones sensoriales del juez o jueza, como la visual o la auditiva que se llevan a cabo por la lectura o en los diversos actos procesales[11], o incluso a través de la sensibilidad táctil u olfativa[12]. El juez debe partir de la naturaleza de lo que se somete a prueba, de su normalidad, su habitualidad o probabilidad (o no). Por eso no tiene ninguna efectividad querer atribuir a la conducta humana hechos que son naturales (por ejemplo, el asentamiento de una edificación). Después es necesario interpretar estas percepciones, valorarlas y decidir su utilidad (seleccionar el material probatorio, cosecharlo, recaudarlo).

---

11 Hay captación visual, auditiva (por eso hablamos de "vista pública", de "audiencia" pública, de "reconocimiento judicial", de "exploración", etc.), y de oralidad, de juicio oral, de informe oral, de la declaración de las partes y testigos (PÉREZ LUÑO, "¿Qué significa", p. 112).

12 A pesar de ser poco usual, no existe ninguna dificultad técnica para concebir la aproximación a la realidad a través del olfato o el tacto del juez. En temas textiles una vez necesité tocar tejidos diversos para captar la textura y la calidad.

Es cierto que nunca es una aproximación "virgen", en tanto que la aproximación a los hechos se hace desde un "punto de partida", el que configura el planteamiento del debate y el bagaje experiencial del juez o jueza. Esta apreciación derivará en la consideración del proceso de toma de decisiones como "helicoidal", del que hablaremos en otro sitio.

La actividad probatoria tiene como finalidad la recolección y aportación, en bruto, de las pruebas, de un conjunto de afirmaciones, de una serie de imputaciones fácticas facilitadas por las partes o por terceros. Son el resultado de la práctica de los distintos medios de prueba, obtenidos de las respectivas fuentes de la prueba que presenta el caso[13].

El juez desde las fuentes de prueba y a través de los medios de prueba, extrae, "recauda", colecta las diversas afirmaciones probatorias en juego (y rechaza otras), para después depurarlas a través del análisis.

Como en cualquier proceso de aprendizaje, buscamos que la interiorización de las experiencias nos ayude a superar obstáculos, en el proceso de toma de decisiones aprendemos "aprehendiendo"[14], interiorizando, para obtener, a través de un proceso selectivo, la información probatoria relevante y al final, el material probatorio recaudado, el validado por el juez o jueza. En ambos casos (apren-

---

13 Recordemos la diferencia entre fuente de prueba y medio de prueba: la fuente de prueba es extra jurídica anterior al proceso. Es fuente de prueba una persona, lugar o cosa. El medio de prueba sólo existe en el proceso, es el medio, la actividad a desplegar para incorporar las fuentes al proceso. La fuente es anterior al proceso y existe independientemente de él. El medio se forma durante el proceso y le pertenece. La fuente es sustancial y material; el medio, adjetivo y formal. Será impertinente una prueba que no nazca de la fuente correcta, por ejemplo, un testigo de referencia, que no vivió el hecho o la declaración del progenitor que pretende aportar la postura del hijo menor. Habrá que oírlo directamente.

14 Ambas palabras vienen del latín "*apprehendere*". "Coger" y "asir" se asimilan así a "adquirir el conocimiento de algo por medio del estudio o de la experiencia". El "aprendizaje" parte del hecho físico, sensorial.

dizaje y toma de decisión) la aprehensión es el primer paso. Para dictar sentencia hace falta primero la observación de personas o cosas, la lectura de documentos, poner nuestros sentidos y nuestra sensibilidad al servicio de entender los hechos. Resolver es avanzar, superar el obstáculo.

Para acceder a la prueba es necesario tener claro qué hay en duda. Antes de entrar a interpretar las pruebas, el juez debe centrarse en el objeto del proceso según se haya determinado y en los hechos sometidos a prueba (art. 281 LEC), teniendo en cuenta si se ha producido una admisión de algunos de ellos o valorando, en su caso, el silencio en las contestaciones a la demanda (art. 405 LEC). También si la prueba busca apoyar hechos constitutivos o negarlos o pretende justificar hechos impeditivos o excluyentes. En este contexto, es necesario ponderar, asimismo, la aplicabilidad del art. 304 LEC. Por tanto, el juez sólo tiene que afrontar la prueba si antes ha determinado claramente su objeto, contexto y alcance, es decir, ha definido el "punto de partida". No llega al hecho totalmente desnudo. La inferencia del juez al apreciar las pruebas lleva de un hecho a otro, pero en el punto de partida ya existe una hipótesis (la de quien esgrime el hecho constitutivo o la de quien esgrime el hecho impeditivo, obstativo o excluyente), que avanza una propuesta de interpretación[15].

El juez, al analizar lo ocurrido, parte de las pretensiones. Es necesario que una persona reclame de otra un bien de la vida, formulando en torno a ese bien una petición fundada, acotada o delimitada, según los acontecimientos de hecho que expresamente se-

---

15 ANDRÉS IBÁÑEZ. P. A.: "Acerca de la motivación de los hechos en la sentencia penal", Rev. DOXA-1992, N. 12, ed. Universidad de Alicante. Área de Filosofía del Derecho, p. 273: "La observación suele acusar marcadísimas implicaciones emotivas, en el caso del juez", y esa mediación discursiva entre el hecho y el lenguaje "no se da como una mera descripción aséptica de lo que ya existe al margen de la actividad del operador; sino como proceso de construcción del supuesto de hecho, construcción a la que el juez contribuye activamente, desde dentro. Y en ella está presente toda la carga de subjetivismo que acompaña a cualquier actividad interpretativa."

ñale. Y es necesario que haya (en la contestación) una reclamación alternativa (generalmente la pretensión desestimatoria) igualmente ordenada con los mismos elementos: la negación de los hechos o la afirmación de otros hechos enervantes y de una petición fundada (en derecho). Nuestra experiencia nos lleva a afrontar los hechos en el marco de las posturas de las partes, por lo que valoramos una pericia o recibimos el resultado de un interrogatorio, o leemos un documento sabiendo cuál es el posicionamiento de partida de quien lo suministra y de quien le niega valor.

Es importante, antes de afrontar la prueba del hecho, reconocer sus diferentes tipos: principal o secundaria, relevante o irrelevante, compleja o simple, colectiva o individual, etc. En la medida en que es inevitable utilizar el *background*, la aproximación a cada nuevo caso, siempre virgen, se hace desde el bagaje de la experiencia (estoy haciendo referencia al carácter circular y "helicoidal" de los aprendizajes y de la toma de decisiones).

La aproximación al material probatorio pide el uso adecuado de los sentidos, un canal dual de comunicación (un código, un "lenguaje" común al emisor y al receptor) y el uso de una lectura inteligente para captar (y entender) lo que nos dice, por ejemplo, el perito. Lo que observamos y captamos nos lleva a la necesidad de verbalizarlo y, de camino, a las dificultades del lenguaje. Como dice ANDRÉS IBÁÑEZ en este intento del lenguaje, en el "lenguaje observacional", existen las mismas peculiaridades ("ambigüedad", "textura abierta", "zonas de penumbra"), que en los enunciados deónticos (que en los referentes normativos de permisión, obligación o prohibición), lo que obliga a tener en cuenta el riesgo de la abstracción. Las connotaciones de las palabras deben ser lo más cercanas a la realidad, la observación científica cuanto menos cargada de preconceptos, prejuicios, etc., mejor. Exige, por eso, un control y una tensión dirigida a la adquisición del máximo de conciencia posible de todos los factores y contenidos de memoria que inciden sobre la propia actividad (similares a las de la actividad interpretativa de las normas).

Como he dicho en otro sitio[16], hablar y escribir bien, saber escuchar y saber leer, entender y comprender son todas actividades humanas complejas, más difíciles de lo que parece. Todas ellas confluyen en la captación de las pruebas. ¡Qué importante es la educación y la instrucción en estos ámbitos! A menudo, los problemas de comunicación se producen porque el emisor y el receptor no están en la misma "onda" o porque el canal o el léxico responden a patrones diferentes.

Sólo de esta forma se configura la percepción del mensaje y no podemos negar recepciones inadecuadas por la presencia de barreras semánticas, psicológicas, fisiológicas, físicas, biológicas, administrativas o de otro tipo, que pueden llegar a entorpecer, hacer menos comprensible o distorsionar un mensaje. Especialmente importante es el riesgo en la audiencia de niños, niñas y adolescentes y en la entrevista de personas que necesitan apoyo para el ejercicio de su capacidad jurídica, pero también es necesario tener herramientas para entender las declaraciones personales de partes, testigos y peritos.

Si no es posible el uso de un código común a todos, el juez debe saber utilizar varios registros, conocer lo fundamental del código que se utiliza y contar con la figura del "facilitador" o del "traductor" (no sólo idiomático). En este sentido, el primer facilitador es el abogado, que "traduce" a términos jurídicos las pretensiones de las partes, facilita el relato de los hechos tal y como los refiere cada litigante e interpreta en derecho conforme a su pretensión.

Es necesario ejercer habilidades sobre la claridad de los mensajes, usar expresiones que favorezcan la comunicación, encontrar el equilibrio entre el lenguaje verbal y el no verbal, la empatía, la escucha activa, el uso de la retroalimentación (es decir, repetir la respuesta para que el emisor valide si le hemos entendido bien), es

---

16 PEREDA GÁMEZ, F. J.: "Reseña al libro: "Hacia la modernización del discurso jurídico", de Montolío, Estrella, a la Revista de Llengua i Dret, Journal of Language and Law, núm. 64, 2015, p. 240-241.

preciso el control de las emociones para que no intervengan en la comunicación y, por tanto, distorsionen el mensaje (pero también para que la faciliten), el cuidado del ambiente (acogedor, iluminado, tranquilo) y la adaptación de la escucha a la edad y al perfil del emisor.

El círculo decisorio se repite en pequeño, internamente, en la fase referida a las pruebas, haciendo posible recogerlas con una interpretación y con un filtro normativo u otro. Puede haber aquí un apriorismo o un "consecuencialismo", según sea el punto de partida del juez al acceder.

Esta reflexión nos lleva a la consideración de los elementos personales, las características del juez o juez como receptor, y a la consideración de los rasgos de la personalidad.

2. LOS ELEMENTOS PERSONALES DEL OBSERVADOR

POSNER[17] recoge como elementos personales innatos los rasgos de la personalidad y los temperamentales (la emotividad o la indiferencia, la raza y el sexo, la experiencia personal y profesional). Dice que los factores políticos o ideológicos pueden ser un subproducto de los factores personales y no el resultado de un examen informado, desinteresado y fríamente analítico de los asuntos públicos. Si así fuera, ciertamente, sería reprobable.

Según POSNER, entre los factores institucionales que influyen en el comportamiento judicial, con mayor claridad dentro de la zona abierta o indeterminada de los casos difíciles (pero también, aunque menos, en los casos comunes), figura la propia estructura de la carrera judicial, que afecta tanto a la selección y autoselección en la judicatura como a los incentivos y restricciones que se ponen

---

17 POSNER, R. A.: "Cómo deciden los jueces", trad. Victoria Roca Pérez, ed. Marcial Pons, Madrid | Barcelona | Buenos Aires, 2011, p. 21.

en marcha desde el momento en que una persona ingresa en la carrera, como las basadas en el incremento gradual de las remuneraciones judiciales o en la limitación de los mandatos, o, añadiría yo, las perspectivas promocionales, limitadas por escalafón y a menudo vinculadas con el asociacionismo judicial, a su vez trampolín para los cargos gubernativos (que al final pesan en la promoción a tribunales superiores) y muy poco con la valoración del ejercicio de la profesión (especialmente, la calidad de las resoluciones).

Pero creo que, normalmente, las opciones ideológicas y políticas, en los jueces, aunque quizás hayan crecido en un entorno socio-ideológico determinado, deben ser y suelen ser relativizadas cuando se trata de tomar decisiones judiciales. El juez debe conocerse a sí mismo y no puede menospreciar la diversidad social. No niego, pero concedo menos importancia a la remuneración y volumen de trabajo, y a la estructura de promoción en la carrera judicial, a las consideraciones estratégicas (no significarse políticamente, o no aparecer como disidente de la opinión mayoritaria, por ejemplo), que a la falta de claridad del derecho. Este autor dice que el comportamiento judicial no puede ser comprendido por el vocabulario que los propios jueces emplean, que el comportamiento está motivado por el deseo, que deberemos tener en cuenta también qué es lo que quieren los jueces. A su juicio, los jueces quieren los mismos bienes básicos que el resto de la gente, es decir, dinero, poder, reputación, respeto, autoestima y tiempo libre. Yo creo que la naturaleza humana incluye también el deseo de servicio, la voluntad de hacerlo bien. No veo especial ansia de poder, fama o dinero en la mayoría de los jueces. En cualquier caso, este trabajo se centra en el método para la toma de decisiones y así apoya una neutralización de los deseos peores y de los sesgos.

Dice MOLINS[18], respecto a los sesgos cognitivos, que la paradoja del juez es que somos seres emocionales que debemos tomar

18 MOLINS GARCÍA-ATANCE, J.: Los sesgos cognitivos", Plan Estatal de Formación Continua, Cuadernos Digitales de Formación n. 1, 2021.

decisiones racionales. No existe una red cerebral encargada del razonamiento abstracto que funcione aislada del resto del cerebro, que está afectado por las emociones. Cualquier magistrado que haya participado en una deliberación sabe que, en algunas ocasiones, después de estar durante mucho tiempo estudiando una ponencia sin llegar a ninguna conclusión definitiva, acudes lleno de dudas a la deliberación de la Sala y, cuando escuchas el argumento de otro magistrado o magistrada, te das cuenta instantáneamente de que tiene razón y ves con claridad cuál es la solución al recurso.

MOLINS dice que, al ver, escuchar u oír, nuestro cerebro mezcla todo el tiempo la información sensorial del mundo externo con conjeturas e hipótesis propias. La visión está llena de ilusiones y es necesario depurarlas y seleccionar la información relevante. Hay factores externos al sistema de procesamiento que hacen que el proceso de selección se centre solo en parte de la información. Se llama información prominente a aquellos aspectos que sobresalen sobre los demás y crean un impacto sobre el sujeto, aunque no sean importantes.

En la captación de las pruebas personales, debe evitarse el sesgo de representatividad. Por ejemplo, si el declarante se muestra nervioso durante la vista, ello no es indicio de que lo que dice es falso o que podemos menospreciar su postura de defensa. El silencio, las respuestas evasivas, la inseguridad son indicadores periféricos. El sesgo de representatividad, dice MOLINS[19], se atenúa por el efecto del diluido: los pronósticos de las personas se hacen menos extremos cuando cuentan con cierta cantidad de información. Ello no significa que no podamos valorar elementos de comunicación no verbal. Yo lo hago a menudo, incluso por escrito, en la sentencia ("se muestra dolido", "responde con criterios razonados", etc.).

---

19 MOLINS, Los sesgos, p. 64.

3. LA INTERIORIZACIÓN

La asimilación de lo que percibimos se produce a través de un proceso de "in- tensión". Sopesamos la credibilidad del testigo, la preparación del perito, la coherencia del interrogatorio de la parte a fin de centrar los hechos "reales". Analizamos los hechos, interpretamos los impactos.

VIGO[20], cita a Carnelutti, quien afirma que el objeto del proceso es la fijación formal de los hechos pero no la verdad y cita también a Chiovenda (ibídem), que sostiene que la única verdad es la que establece el juez en su sentencia. Esta visión consolidó la tesis de que una era la verdad procesal o formal y otra la verdad material, de modo que la prueba, el proceso y el juez quedaban desligados de la verdad. Como sostiene VIGO, esta tesis está superada entre otras razones porque la consideración de una verdad formal, sólo procesal, reduciría la lógica jurídica a la retórica o la persuasión.

Si aceptamos, con TARUFFO[21], que el objeto del proceso es la justicia (en el sentido de que cada una de las partes se quede con lo que le corresponde) y que el juez antes debe preocuparse por encontrar la verdad sobre los hechos que motivaron el conflicto, un juez no es muy distinto a un historiador (sólo que los medios epistemológicos idóneos para la verdad que utiliza el juez están limitados por el derecho en función de otros valores distintos a los históricos).

---

20 VIGO. R.: "La interpretación (argumentación) jurídica en el Estado de Derecho Constitucional", Tirant lo Blanch, México, 2017, p. 179.

21 TARUFFO, M.: "La prueba de los hechos", ed. Trotta, Madrid, 2002, p. 64.

TARUFFO dice que "[s]i el proceso y el juez renuncian o les resulta indiferente la verdad, ello implica despreocuparse de la justicia" y añade que cada vez resulta más claro que para conocer los hechos respecto a los que los juristas brindarán una respuesta jurídica es poco o nada lo que ellos pueden aportar, más bien se requiere de saberes no jurídicos que les digan cómo ocurrieron (periciales), en lo que parece referirse a la "captación" o "entendimiento" de los hechos (y también de testigos y otras pruebas).

El juez controlará las garantías del interrogatorio, del acceso de la prueba documental al proceso, del método empleado desde el punto de vista del sujeto que emite el dictamen, del carácter y alcance de las patologías denunciadas, del objeto del peritaje y del procedimiento utilizado[22].

La apreciación de los hechos no es neutra. La observación (en especial la científica) no es inmediata ni ingenua, sino que está cargada conceptualmente[23]. Como dice VIGO[24], sobre la prueba de los hechos ocurridos, sólo cuentan los facilitados por los implicados en el litigio, y a lo largo del proceso son "construidos" a partir de presunciones, de la carga de la prueba y de otros elementos que cumplen un papel decisivo. Las valoraciones fácticas suponen especialmente confianza en la posibilidad de su justificación racional, lo que es reflejo de la horizontalidad, del eje análisis-decisión.

---

22 Como que el juez no posee el conocimiento científico, debe llevar a cabo el análisis de la pericia de acuerdo con criterios de análisis técnico-jurídicos, lógico-deductivos, de lógica racional, que revertirán después en la argumentación judicial (fase cuarta).

23 ECHEVARRÍA, J.; "Introducción a la metodología de la ciencia. La filosofía de la ciencia en el siglo XX". Barcanova, Barcelona, 1989, p. 70, citado per ANDRÉS IBÁÑEZ, "Acerca...", p. 264.

24 VIGO, R. L. "La interpretación", p. 183.

4. LA CONFRONTACIÓN

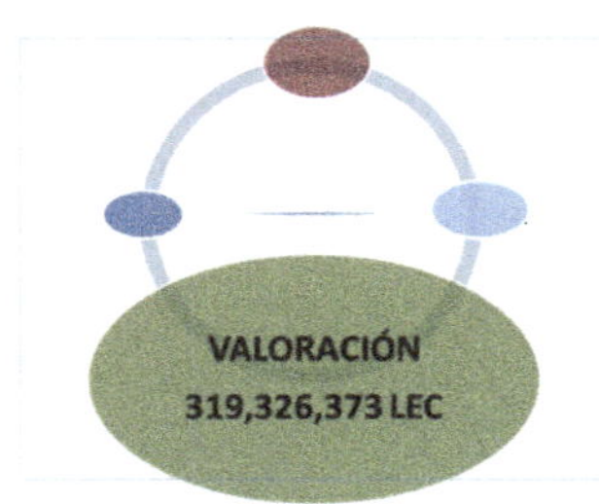

Tanto para el control metodológico como para el análisis de las afirmaciones fácticas, de cara a conseguir el material probatorio depurado o recaudado, el juez utiliza referentes normativos diversos (normas de valoración probatoria, máximas de su experiencia, conocimientos psicológicos, etc.). En la fase de aprehensión y, dentro de ella, en el paso de la confrontación se sitúa la función heurística de las reglas de valoración probatoria y de las máximas fácticas de la experiencia[25], a través de estos mecanismos, no por mera abducción o subsunción.

Un primer filtro normativo, de orden constitucional y referente a los principios fundamentales del proceso (art. 24 CE), es el rechazo de la prueba ilícita. Por mucho que los hechos generen convicción y configuren prueba recaudada, una prueba que se haya llevado a cabo violentando derechos fundamentales, como la intimidad o la inviolabilidad del domicilio, no puede ser validada judicialmente.

En segundo lugar, tenemos la prueba que no llega al proceso con las debidas garantías de igualdad de armas y de proscripción de la indefensión: la prueba extemporánea (a menos que la ley, como ocurre con el artículo 752 LEC, la permita y siempre que se pueda

---

25 PEREDA GÁMEZ, F. J.: "La motivación fáctica". Qüestió N. 39. III, en "123 cuestiones básicas sobre la motivación de las resoluciones judiciales", VVAA Dtor. Javier Hernández, en Cuadernos Digitales de Formación, n. 32, 2012, p. 130.

contradecir), la prueba creada *ex profeso*, la incompleta, la que no se somete a contradicción (por ejemplo, porque el perito no venga a juicio a esclarecer extremos fundamentales).

Las reglas legales de valoración probatoria son referentes normativos, pero no de absoluta eficacia. Las proposiciones de los artículos 304, 307, 319, 326, 373 o 348 LEC permiten la interpretación de los hechos y actúan fundamentalmente como reglas de confrontación. En materia disponible, el documento público hace prueba del hecho, acto o estado de cosas que documenta y de la fecha, fedatario e intervinientes (pero no de la veracidad intrínseca de las declaraciones, ni de la naturaleza inatacable del acto o contrato); los hechos reconocidos no contradichos por otras pruebas se tienen por ciertos, pero la ley deja en manos del juez la definición de los hechos reconocidos y el juicio de contradicción con el restante material probatorio; la no presencia de la parte para ser interrogada en juicio "se podrá" considerar admisión de hechos (de forma similar a como lo hace el artículo 405.2 LEC, con la negativa a declarar o con las respuestas evasivas o no concluyentes); los hechos personales y perjudiciales reconocidos en el interrogatorio se tienen por ciertos (a menos que escondan una voluntad falseada, un fraude de ley o un abuso de derecho, más aún desaparecido el juramento decisorio). Etcétera. Es decir, las normas de valoración de la prueba orientan al juez o jueza sobre "el sentido natural" de los hechos y de los actos, pero no son ya "prueba tasada". Y tampoco hay valoración "libre" de algunos medios de prueba, en tanto la valoración debe ser crítica y basada en las reglas de la lógica.

La máxima de experiencia es otro elemento de confrontación, un medio que permite la formulación de la inferencia, verificando la hipótesis (y por tanto sustentará el siguiente razonamiento probatorio). Son entendidas las máximas de experiencia como las definiciones o juicios hipotéticos de contenido general desligados de los hechos concretos que se juzgan en el proceso, procedentes de la experiencia, pero independientes de los casos particulares de cuya observación se han inducido y que, más allá de estos casos, pretenden tener validez para otros nuevos[26]. Permiten imaginar la inferencia (y por tanto identificar un *factum probandum*) y facultan al juez a desarrollar construcciones narrativas hipotéticas, versiones aparentemente sensatas y potencialmente creíbles, suministrando criterios que le permitan conectar entre sí los hechos, que deberán verificarse después en el juicio de utilidad, en forma de verdadera narración, la que se corresponde con las pruebas seleccionadas por el juez (el material probatorio recaudado).

Cuando era un juez joven, a falta de máximas de experiencia, de referentes normativos derivados de la práctica y de la vida, me acogía con facilidad a una aplicación acrítica de las reglas legales de valoración probatoria, pero a medida que adquirí experiencia, he ido contrastando el resultado de las pruebas con mis propias máximas.

El hecho percibido en la fase de aprehensión no tiene significado en cuanto no venga referido a la experiencia, confrontado, y de ahí nazca el convencimiento sobre su verdad[27]. Psicológicamente, aparte de consideraciones sobre la configuración de la personalidad de cada juez, debemos recordar la necesidad del estudio de los *byass*, los sesgos, los prejuicios (no los pre-juicios). Así, por ejemplo, la experiencia, el *background*, puede suponer un referente en contra de la pericial privada de cada parte y es máxima de experiencia que la parte que pide un peritaje, si el resultado no le es favorable no lo aportará al proceso. Pero debe prevalecer el principio de ingenuidad, es necesario que los jueces superemos las reservas previas respecto a la pericial de parte, evitar el sesgo y que nos centremos, concretamente, en cada caso.

Propiamente, un juez no espera que una prueba le convenza o no, como si estuviera predispuesto a aceptarla o a rechazarla y,

---

26 En la clásica definición de Stein, recogida por ANDRÉS IBÁÑEZ. P. A.: "Acerca..., p. 286.

27 ANDRÉS IBÁÑEZ. P. A.: "Acerca..., p. 288.

en este sentido, no deberían concurrir sesgos y planteamientos apriorísticos (que el demandado siempre miente, que es importante la primera impresión, que si tres testigos afirman lo mismo será verdad...). Uno de los más frecuentes es, en la prueba pericial, el pensar que los jueces nos decantamos siempre por la pericial "judicial" (*rectius*, intra procesal) ante la pericia de una de las partes[28].

5. LA UTILIDAD

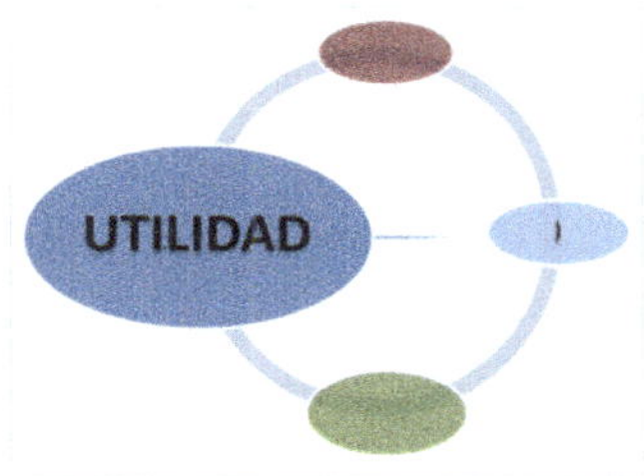

El resultado de captar, interiorizar y contrastar el material probatorio es conseguir un material en principio útil, apto para la toma de la decisión. Es el material probatorio útil. Este material será el material básico del análisis, en forma de afirmaciones fácticas. El juez, en la segunda fase, las confirmará o las rebatirá analíticamente.

Los hechos fijados como ciertos tras el análisis deberán confrontarse, en una tercera fase, con el presupuesto fáctico de la ley a

---

[28] Quizás las estadísticas demuestren que los jueces se basan con mayor frecuencia en los peritajes judiciales intra-procesales que en los que aportan las partes y está muy extendida la convicción de que los peritos que actúan designados por el juzgado son más "independientes" que los peritos "privados". Es posible que haya más sentencias que, ante la dualidad, se basen en la pericial judicial y menosprecien la de parte. Pero no deberíamos admitir, apriorísticamente, que las periciales de parte son "subjetivas" y las "judiciales", "objetivas", no es esta mi experiencia, en la que una pericial privada muchas veces me ha convencido más, ante una pericial "judicial" (intra-procesal).

aplicar (después de elegirla, interpretarla y validarla), se tendrán que comparar con las proposiciones fácticas normativas, y al final del proceso se convertirán en motivación y argumentación fáctico-jurídica, en motivos o argumentos de validación o de rechazo, en la sentencia.

Capítulo Tercero

El análisis: El buen juez por su casa empieza

El proceso decisorio sigue, después de la fase de aprehensión de las pruebas, con una introspección analítica profunda, en aras a generar la convicción probatoria (a la sombra del aspecto descriptivo de la proposición normativa). El buen juez ha de empezar por su casa, arreglando "los muebles" de su cabeza. No tiene sentido ir directamente de los hechos a la norma (el silogismo jurídico tradicional), ese proceso no es real, ni cierto, por su simplificación. Antes de la investigación normativa es preciso el análisis de las pruebas, la "in-tensión".

Ese proceso tiene un componente objetivo, el de la técnica, el de la lógica jurídica, y otro subjetivo, el referido a conocer y dominar los propios rasgos de personalidad, los estereotipos y los sesgos cognitivos, para que no interfieran irregularmente y para que las características personales de cada juez o jueza enriquezcan el proceso analítico según su propia naturaleza, subjetiva, pero no de forma arbitraria.

Demos por sentado que hemos leído y entendido el documento (público o privado), o que hemos practicado los interrogatorios de las partes y hemos escuchado a los testigos, o que ya hemos leído y entendido el dictamen pericial y escuchado y entendido las explicaciones orales del perito y que en cualquiera de estos casos hemos retenido y validado las afirmaciones fácticas. Las hemos captado, interiorizado y contrastado y hemos concluido su utilidad para resolver (aún sin determinar en qué sentido). Ahora se trata de entrar en un proceso de "in- tensión", de someter lo que hemos obtenido a las reglas de la lógica.

FIGURA 14

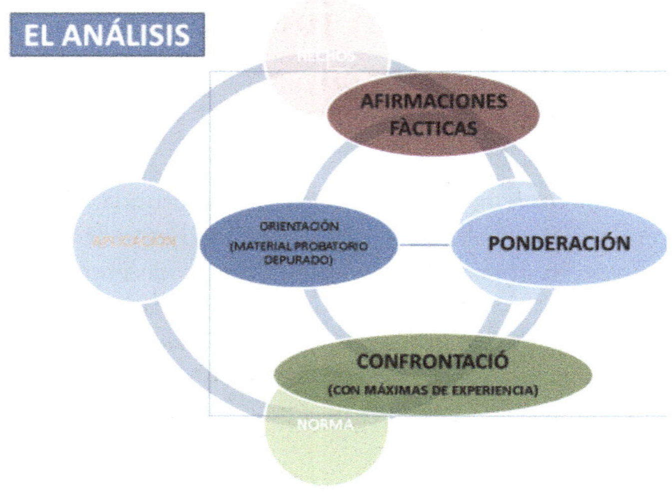

He mantenido que el proceso de toma de decisiones es parejo al del aprendizaje, siguiendo las enseñanzas de KOLB. Como el niño (o el científico) que ha realizado un experimento en clase y analiza lo que ha pasado, el juez o jueza sopesa el sentido y alcance de lo que ha visto o captado de alguna otra forma durante la fase probatoria. En el segundo paso, el del análisis, se reproduce internamente el propio esquema de aprendizaje. Más concretamente, para cada afirmación fáctica la labor del juez se desarrolla, de forma más o menos consciente, en un proceso secuencial:

a) Fijación de la afirmación fáctica o conclusión propuesta a partir del material probatorio útil y depuración del sentido (por ejemplo y en torno a una pretensión de suspensión de guarda o visitas de un progenitor: "Juan ha sufrido una agresión por parte de su padre", con significado de una bofetada en la cara);

b) Ponderación reflexiva, lo que constituye el núcleo de la sana crítica (por ejemplo, elementos a favor y en contra de considerar si el menor ha vivido, sufrido o interiorizado el episodio violento);

c) Confrontación o test de verosimilitud de la tesis (siguiendo el ejemplo ya expuesto, sobre la afectación o no del niño, niña o adolescente por la violencia del progenitor, significa el uso de máximas de experiencia y de elementos referenciales del juez, por ejemplo, experiencias previas sobre conductas omisivas, evitativas o adaptativas de un menor frente a la violencia);

d) Orientación o conclusión: fijación del material probatorio depurado ("Juan recibió una bofetada, violenta, percibida como agresión de su padre, no validable por el perdón, hecho potencialmente subsumible en el hecho descrito en el artículo 233-11.7 CCCat").

El juez analiza lo que ha visto u oído y lo que le ha emocionado, confronta con sus anteriores puntos de referencia, buscando las semejanzas o diferencias de lo que analiza con lo que ya sabe, de forma que el resultado de este proceso será ratificar saberes (convicciones) o acumular otros nuevos. No habrá todavía motivación o argumentación expresa.

Dice IGARTUA[29], con cita de otros autores, que la motivación es el lugar de la exteriorización (o desvelamiento), como encubrimiento y como justificación, no el lugar para el "examen de la conciencia del juez, sino para la exposición de las razones por las que debe (o no debe) pronunciarse una cierta decisión". Lo que IGARTUA define como el "proceso mental del juez" abraza, a mi criterio, el paso (divergente) que lleva de la constatación del hecho al análisis, viene referido a la fase de análisis tal como la vengo describiendo. Como dice este autor, "el proceso mental contiene los motivos que han inducido al juez a sostener una conclusión o adoptar una decisión". Es después y en el otro extremo del eje horizontal (sostengo), a la hora de la decisión, que, como añade IGARTUA[30]

---

29 IGARTUA SALAVERRÍA, J.: "Algunas patologías de la motivación en sentencias sobre "casos difíciles"", Cuadernos Digitales de Formación, n. 15, CGPJ, 2012, p. 8.

30 IGARTUA SALAVERRÍA, J.: "¿Cuáles son los principales conceptos de "motivación" y cuáles sus respectivas ventajas o desventajas?" cuestión n. 3, en "III La motivación fáctica. 123 cuestiones básicas sobre la motivación de las reso-

"el discurso se nutre de las razones que avalan el acierto de esta conclusión o decisión".

Para él, "se trata de definir si existe y/o (sobre todo) si debe existir relación (y qué relación) entre el proceso mental desplegado por el juez para resolver el caso y el discurso justificador plasmado en el texto de la resolución, si debe haber correspondencia (y cuánta) entre los motivos que han pululado en el proceso mental y las razones que comparecen en el discurso verbal". Para mí, está describiendo el eje horizontal, del que ahora me interesa el primer extremo. Saber lo que ocurre por la cabeza del juez o en las deliberaciones secretas de un tribunal, responde para mí al ámbito interno, de descubrimiento, en la tradicional distinción entre el contexto de "descubrimiento" y el de "justificación", conectados sin duda, relacionados como dice IGARTUA a través de puntos de vista "lógico", "cronológico" y "psicológico", pero no confundibles. La toma de decisiones parte de la configuración de hipótesis, sigue con la confirmación/falseación de éstas, llega a las inferencias desde hipótesis a conclusiones y concluye con la selección entre hipótesis y conclusiones alternativas.

Me interesa destacar que la conciencia configura el sentido de lo ocurrido y lo que aparece como justo urge antes de acudir (tras estudiar los referentes normativos) a la motivación y a la argumentación. De alguna manera el juez con un mínimo bagaje pre-configura el sentido de la decisión a través del análisis y antes de acudir a la norma (con la que, sin duda, después tendrá que contrastar).

Dice POSNER[31] que a menudo hay una mitificación, se falsifica la deliberación (quiere decir, creo, que se sobredimensiona la habilidad profesional y el carácter desinteresado de los jueces y que la deliberación quiere ser un instrumento para conseguir la confianza

luciones judiciales", VVAA Director. Javier Hernández, a Cuadernos Digitales de Formación, n. 32, 2012.

31 POSNER, R. A.: "Cómo deciden los jueces", trad. Victoria Roca Pérez, ed. Marcial Pons, Madrid | Barcelona | Buenos Aires, 2011, p. 13.

del profano). Yo añadiría que muchas veces, por parte de la ciudadanía se "mitifica" también al juez, por lo que habría que huir de ambos extremos. El juez no actúa de forma aleatoria, decisionista o política, ni "ninguna teoría filosófica judicial constituye una brújula políticamente neutral capaz de guiar la toma de decisiones por parte de los jueces". El juez o jueza se somete a una serie de dispositivos analíticos para la gestión de la incertidumbre y la producción de lo que los legalistas ven como decisiones objetivas. POSNER llama a estas restricciones a la libertad del juez el "método judicial" y destaca la insuficiencia del razonamiento por analogía (que considera vacuo) y de la interpretación estricta de las leyes y las constituciones (que entiende de discrecionalidad considerable).

La tarea del juez es compleja, debe analizar en profundidad el contenido de cada prueba, haciéndose cargo de la aceptabilidad o no de las afirmaciones fácticas y comprobando la verosimilitud de las tesis; debe contrastar, además, el resultado de diversas pruebas y superar las suspicacias y dudas de independencia y objetividad en la fuente y, por ello, se ve compelido, progresivamente, a aprender y usar más conocimientos técnico jurídicos (va llenando su "mochila").

Afirma BELLOSO[32] que previamente a tomar una decisión los jueces deben realizarse unas operaciones lógicas, tales como detectar las posibles falacias y resolverlas (para mí, este aspecto se corresponde con la fase analítica).

---

32 BELLOSO MARTIN, N.: "Los desafíos iusfilosóficos de los usos de la inteligencia artificial en los sistemas judiciales: a propósito de la decisión judicial robótica vs. decisión judicial humana", en "Sociedad Plural y nuevos retos del Derecho", 1ª ed., abril 2021, Cuadernos electrónicos de filosofía del derecho, nº. 45, Cizur Menor (Navarra): Aranzadi, 2021.

1. LAS AFIRMACIONES FÁCTICAS

No debería haber diferencias importantes de criterio entre las diversas afirmaciones útiles referidas a los hechos, hayan sido propuestas por una u otra parte. No suele haber interpretaciones diversas de un mismo hecho sino afirmaciones de hechos distintos, que se acumulan. La labor del juez se centra, en un primer momento, en el control interno del método utilizado para producir la afirmación fáctica (para ello necesita habilidades específicas y no tanto conocimientos científicos).

El proceso de análisis parte de las afirmaciones fácticas de la prueba útil, que se ponderan con pros y contras a través de reglas lógicas, y el resultado se orienta hacia los referentes normativos. Practicada la prueba, es necesario identificar las afirmaciones fácticas, los argumentos o motivos que las adveran o que las niegan, ponderarlos, contrastarlos con los argumentos que tenemos asimilados por la experiencia y orientar el material probatorio depurado hacia el mundo de la norma.

Este proceso no es sólo ni absolutamente racional. Estoy de acuerdo con POSNER[33] cuando dice que existe una zona abierta o indeterminada donde los métodos de análisis ortodoxos (los legalistas) dan conclusiones insatisfactorias o, con frecuencia, ninguna conclusión, lo que permite e incluso impone, que sean la emoción, la personalidad, las intuiciones en relación a ciertas políticas, ideología, política, antecedentes personales y experiencia las que de-

---

33 POSNER, "Cómo deciden", p. 22.

terminen la decisión del juez. Pero defiendo un método analítico que puede neutralizar los aspectos negativos de la subjetividad y potenciar los positivos.

En este contexto, no deben descartarse en el análisis el conocimiento privado del juez y los elementos indirectos de valoración, como los emocionales o sociológicos (la credibilidad, la emotividad, la empatía, los elementos emocionales de la comunicación, la transparencia u oscuridad comunicacional y sus causas, o el uso de elementos de experimentación, etc.). Las inteligencias emocional y social también pueden ayudar a interpretar una afirmación fáctica, especialmente en materia de infancia, familia o discapacidad. No habrá todavía motivación concreta o argumentación, reservada para la cuarta fase del proceso decisorio.

En la medida en que será imprescindible al final del proceso la motivación valorativa de la prueba, la fijación justificada de los hechos probados, de forma que el juez evite argumentar sólo con referencias a cánones abstractos, es necesario que la interpretación de la prueba sea rigurosa y es en este proceso de análisis que debemos recolectar los datos fácticos definitivos que se abocarán en la sentencia. El material probatorio, una vez recaudado, será comparado con la proposición normativa, con el presupuesto fáctico de la norma.

A primera vista, en la declaración oral, en las pruebas personales juegan aspectos referidos a la personalidad, que incluyen la credibilidad del testimonio (parte o testigo), la firmeza, autoridad personal o científica del perito, entendida como el reconocimiento de la calidad humana y de la cualificación profesional, la relación del sujeto con los hechos, pero, sobre todo, la claridad expositiva, la razonabilidad, la humildad, etc. Las exigencias de una coherencia lógica de la argumentación, de "claridad", "firmeza" y "relación lógica" en las descripciones y conclusiones y el intento de ser "convincente" deben ser tamizadas con reglas más estrictas de supervisión, por parte del juez, que debe evitar un juicio precipitado en atención a elementos accesorios y de comunicación no verbal (la contundencia, la persuasión, las dotes oratorias o el aparente desarrollo lógico del razonamiento).

Es necesario prestar una atención específica a la relación con el objeto de la prueba. En este sentido, favorece el "juicio de correspondencia" la proximidad al hecho que se quiere probar, y no se puede mantener, al menos con el mismo rigor, que una persona con cultura sea más "creíble" que una inculta, puesto que esto depende de las competencias y habilidades que se poseen y de los hechos que se pretendan describir y constatar.

Respecto a todo tipo de pruebas, el análisis debe partir del resultado de la aprehensión (de la comprobación de posturas, de la adveración de argumentos, en resumen, de la afirmación probatoria que el juez recolecta) y se orienta de forma diferente según una serie de factores externos y previos, por ejemplo, el tipo de proceso, porque no se recogen igual las afirmaciones probatorias de un proceso centrado en valorar una realidad jurídicamente innegable (vgr. si se ha probado o no una filiación con pruebas biológicas), que si se trata fundamentalmente de fijar una afirmación probatoria a través de una interpretación documental (contractual), que si concurren además implicaciones para, meta o post-jurídicas (especialmente, en los casos difíciles).

En la deliberación colectiva también es importante entender la estructura del debate en el mismo tribunal (de óptimos o mínimos, presidencialista o democrático[34], etc.). Cada juez o jueza puede ser proclive a un determinado tipo de pensamiento (reflexivo, crítico,

---

[34] Como dice MOLINS (Los sesgos, p. 66), se puede acusar una pérdida de calidad en los procesos de toma de decisiones colectivas en razón de la jerarquía explícita o implícita. Un magistrado joven o inexperto no debería sentirse intimidado por un tribunal con compañeros mucho más veteranos o con gran renombre. Debe prescindirse de cualquier condicionamiento subjetivo y decidir cada litigio valorando exclusivamente la convicción objetiva de cada argumento. En este sentido la deliberación telemática pierde frescura y espontaneidad respecto a la presencial. Afirma que el sesgo de conformidad supone que anunciar públicamente que uno piensa de forma diferente a un grupo genera miedo. Lo mismo puede ocurrir en una deliberación de un tribunal.

analítico, sistémico, analógico, creativo, práctico), reflejo de las tipologías o modelos de juez que se definen con base en el modo de abordar cada uno la realidad (divergente, asimilador, convergente o acomodador). Volveremos sobre este punto en el Capítulo VI. También hay que ser consciente de que el lenguaje presente en la fase de análisis es de carácter deliberativo y no conclusivo (como sí lo es en la fase cuarta).

No me cabe duda de que el abordaje del caso tiene que ver con muchos elementos, entre ellos la materia, de tipo personal o patrimonial, de consumo o societario, clásico —como la acción reivindicatoria o las servidumbres—, moderno —como el derecho al consumo o la vivienda— o de "frontera" —como la maternidad por sustitución, la disforia de género o la multipropiedad—, local o transnacional, etc. Siempre, en el fondo, porque el posicionamiento de cada juez o jueza depende de si la materia es rogada o tuitiva, de desde donde se sitúa personalmente —desde los derechos de las personas o desde la equidad patrimonial, por ejemplo—. Por eso podemos encontrar diferentes modalidades de abordaje. El análisis puede variar en su enfoque según el tipo de pensamiento del juez, del ponente o de los miembros del colegio y del uso que hagan del lenguaje (deliberativo o resolutivo, narrativo, elusivo, valorativo, simbólico) y del razonamiento jurídico (formal- deductivo, deóntico, deóntico-divergente, inductivo, material, pragmático, "falaz").

2. LA PONDERACIÓN

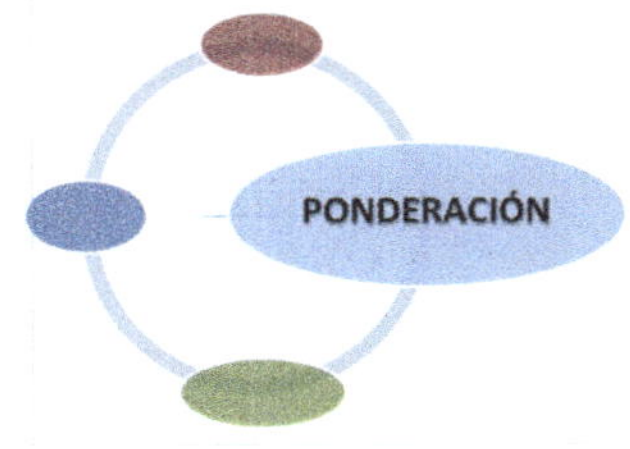

El juez debe someter las afirmaciones fácticas sobre la actividad probatoria a un test de adveración (de *ad verare*: encaminar a la verdad, dar por cierto o auténtico). Con el análisis busca adquirir certeza, asegurar, certificar lo que el documento, la declaración, sus sentidos le ofrecen. Las afirmaciones fácticas que suministran las pruebas deben ser objeto de comprobación, antes de someterlas a la luz de las proposiciones fácticas de los referentes normativos. Esto supone conocer otro método científico, de tipo técnico jurídico, el de la ponderación (con uso de las destrezas y conocimientos adecuados).

Tomaremos como muestra el peritaje. El primer instrumento de análisis es contextual y se deriva de la constatación de la fuente de prueba. Desde el punto de vista metodológico, el acceso directo al objeto de prueba es mejor que su apreciación indirecta. El acceso de primera mano al objeto es un valor añadido. Poner impedimentos en la práctica de la prueba puede suponer perder el pleito por falta de asunción de un deber de colaboración procesal, que fácilmente se permuta en criterios de facilidad probatoria (art. 217.6 LEC).

Es importante la claridad y la concreción en la narración de los hechos y de las operaciones periciales y la forma en que se transmite. Los aspectos formales de la prueba (especialmente de las pruebas escritas) tienen también su importancia (normo tipografía, estructura, imágenes) y sobre todo la claridad expositiva. No es válida una afirmación genérica o académica o realizada en abstracto, aunque la afirmación probatoria puede plantearse no en términos de certeza absoluta (si no concurre) sino de probabilidad. Un perito que duda en algún aspecto puede ser validado si el grado de probabilidad suministra un buen criterio para la justificación de la hipótesis.

Hay que atender también al utillaje del que se sirve el declarante para llegar a sus afirmaciones o conclusiones, la descripción de los pasos que ha seguido, los impactos que ha recibido, los medios que utilizó (examen visual o sensorial, uso de herramientas, tests, etc.)

y, en sentido amplio, a la razón de conocimiento, de ciencia, experiencia y conocimiento específicos, al porqué de lo que se afirma.

El control del proceso probatorio supone su clara sumisión a los correspondientes test de comprobación. Para tener en consideración y aceptar el alcance de un documento, de una afirmación declarativa (personal o testimonial), de una conclusión pericial (que implica que una determinada hipótesis es cierta), debe aplicarse un proceso metodológico fiable, que ha de ser verificable.

Hay un enfoque científico del método (lo que dice el perito y que yo entiendo razonable y acepto, se ratifica con una prueba de laboratorio, un test, un análisis químico, etc.), y un enfoque ideológico-deductivo (lo que dice el perito, o el testigo, o el documento, y que yo entiendo razonable y acepto, puede haberse producido, a la vista de las consecuencias de transformación de la realidad, en términos de alta probabilidad). Es decir, el contraste o test se produce mediante la convergencia de la afirmación fáctica y la ponderación lógica.

A menudo no se trata sólo de creer una declaración, de interpretar un documento, o de aceptar o descartar las conclusiones de una prueba pericial, sino de aceptar o rechazar diversas pruebas del mismo rango o de rango diverso, con frecuencia contradictorias entre sí, que concurren a la deliberación del mismo caso.

El juez actúa, en este sentido, como *gatekeeper* o controlador del método, validando sólo aquella prueba cuya atendibilidad resulte metodológicamente segura.

La validación interna de la afirmación fáctica supone un examen "literal" y una apreciación "contextual" de la afirmación o conclusión. El juez puede utilizar una técnica similar a la de la interpretación de los textos legales (interpretación literal, contextual, etc.), pero no puede rehuir una técnica adversativa. De forma similar a cuando contrasta los escritos de alegaciones de las partes, momento en el que descarta pseudo-excepciones y meras alegaciones y conjeturas y fija las pretensiones (valorando también los silencios y haciendo presunciones o juicios de inferencia), el juez debe leer y depurar las afirmaciones fácticas y valorar las pruebas aclarando su contenido y alcance. En este proceso de depuración debe rechazar lo que pueda exceder del objeto procesal fijado por las partes y los excesos o "incongruencias" respecto a lo que defiende cada litigante en los escritos de alegaciones.

¿En qué criterios se sostiene una "mejor valoración"?, ¿la mayor cantidad o calidad argumental?, ¿la selección de información relevante o la ausencia de elementos residuales?, ¿la claridad argumental, deductiva o expositiva? Todos estos aspectos son importantes.

En cuanto a la regla de la coincidencia mayoritaria de las conclusiones (que la afirmación fáctica sea defendida por más medios de prueba que no negada), la descripción coincidente o mayoritaria en la descripción de los hechos puede ser un criterio válido de sana crítica si está debidamente razonado, aunque hay que tener cuidado con las conclusiones coincidentes de un codemandado con la afirmación del actor si puede intentar desviar la responsabilidad hacia otro codemandado (así, el perito del arquitecto superior que valora como causa de un defecto la falta de seguimiento de la obra por parte del aparejador) porque, lógicamente, puede pretender la exclusión de la responsabilidad de quien, en definitiva, paga los honorarios.

Además, la regla "cuantitativa" no puede admitirse siempre como válida, porque no debe atenderse tanto a la coincidencia de las afirmaciones como al razonamiento deductivo, que suele variar según los diversos grados de autoexigencia del declarante o del profesional (lo que no implica necesariamente invalidez de la afirmación de quien razona más ligeramente). En definitiva, es posible acogerse al criterio cuantitativo, pero con prudencia.

Por otra parte, una "contra-afirmación" fáctica no debe ser necesariamente una nueva afirmación sobre las causas, sino que puede ser un análisis crítico sobre la afirmación del reclamante.

La consideración de los medios o instrumentos empleados y de los datos manejados constituye un eje epistemológico fundamental para controlar la validez de la afirmación fáctica. La exposición precisa de los hechos o del proceso científico, con indicación detallada de los pasos utilizados, de los conocimientos considerados y de las pruebas de contraste, permite al juez verificar el método y, con ello, la credibilidad de la afirmación fáctica.

La relación lógica no debe confundirse con la contundencia o coherencia en la declaración, ni con el carácter muy detallado de la exposición de los hechos. Hay que contemplar si el relato es atento y metódico, no conjetural. No es criterio de lógica atender sólo a la conducta y educación del declarante, pero afecta a la claridad la explicación en términos comprensibles para el juez y la falta de muestras de prejuicio o parcialidad. Debe preferirse la terminología utilizada en las declaraciones, una vez entendido el sentido y el alcance, que el uso de vocablos imprecisos del lenguaje corriente. En ocasiones la precisión terminológica no será importante, pero en otras sí.

Todos estos aspectos tienen relación con la capacidad docente o "enseñante" del declarante para transmitir los hechos que ha vivido o sus conocimientos y deben valorarse como elementos propios de la comunicación no verbal, importante, también "científica", pero no suficiente por sí sola para validar las afirmaciones probatorias.

El declarante debe abstenerse de consultar y citar unas fuentes de información distintas de las que ha vivido, de las que están en las actuaciones o de las propuestas por la parte, pero puede tener en cuenta las fuentes de información que, por su carácter público, sean de conocimiento general. El declarante (parte, testigo, perito) no emitirá juicios valorativos y el del perito, valorativo o conclusivo, guardará relación directa con los términos del debate, careciendo, en otro caso, si no de cientificidad, sí de utilidad.

El "juicio de correspondencia" entre la naturaleza de la fuente de prueba y la afirmación fáctica es muy importante y puede resolver, en muchas ocasiones, la prevalencia de una afirmación sobre otra. No se trata de la mayor "autoridad" del medio probatorio, puede ser mucho más significativa una afirmación de persona o medio menos cualificado, pero más cercana a los hechos.

Es cierto que la afirmación fáctica será más convincente cuanto más precisa, adaptada al caso y fundada sea, pero no lo es menos que no son las afirmaciones por sí mismas las que determinan la eficacia probatoria, sino los razonamientos y el encadenamiento lógico de los datos. La certeza sobre la afirmación fáctica será mayor en la medida en que: a) las leyes causales (físicas) disfruten de una explicación coherente o de un sólido fundamento científico (que no sean genéricas o imprecisas); b) el grado de certeza de las explicaciones, de las pruebas conducentes o del test que las confirman sea mayor (solidez epistemológica); c) la afirmación sea de carácter directo más que circunstancial; d) se pueda evaluar la cantidad y variedad de las confirmaciones.

Adentrarse, adquirir conciencia, interiorizar. Si nos fijamos en la "in-tensión", en este proceso interno de análisis, hablamos de lo que se ha conocido siempre como "la sana crítica". El intento de determinación de los hechos probados del pasado, a través del análisis de hechos probatorios del presente, confiere a la actividad las características de la inferencia inductiva. Inducción y abducción, formas de inferencia ajenas al modelo deductivo, sintéticas, dan un resultado innovador en cuanto al contenido de las premisas y, por eso, siempre son arriesgadas. Ésta, como la "valoración en conciencia" o la "libre valoración", constituyen cánones valorativos indeterminados, arcanos, apócrifos, que han escondido con demasiada frecuencia una falta de control sobre la calidad y el alcance de la prueba de las afirmaciones fácticas y de los argumentos decisorios.

Es indudable que también deben quedar totalmente desterrado cánones como la "intuición subjetiva", la "certidumbre moral" o las "razones íntimas de conciencia", así como, en lógica correlación, las meras conjeturas[35].

---

35 Podemos sentir piedad por una mujer maltratada, pero es necesario construir la credibilidad de su declaración; puede impresionarnos la carta que nos ha escrito un niño diciendo que nunca más quiere ver a su padre, pero deberemos describir los indicios fundamentales de violencia que le apartarán de su hijo (art. 94 C.c., 233-11 3 y 4 CCCat); puede haberme impactado un dictamen

En el análisis contradictorio o adversativo, el juez confronta la razonabilidad y credibilidad de la tesis o, si existen varias, de las diversas posturas y analiza las contradicciones. El juez es quien, al final, se convence (o no). Y, en definitiva, cada prueba juega con el conjunto del material probatorio restante, cada afirmación con otras, en apreciación conjunta y en contraste.

El juez puede jugar con las expectativas y cargas procesales (hacer recaer las consecuencias de la falta de prueba en quien debía probar) pero antes debe recurrir a la lógica argumental y conformar su convicción.

El nuevo modelo de la prueba aleja del proceso decisorio judicial la diferenciación tradicional entre verdad material y verdad formal y opta por un mayor acercamiento a la verdad científica. No se trata ya de establecer una verdad según los medios probatorios aportados en el caso concreto, sino de probar o no probar la afirmación fáctica, los "hechos" en los que se basa la reclamación. Contra-probar simplemente puede llevar a la absolución cuando se desvirtúa el valor de la afirmación de cargo sin necesidad de probar una tesis contraria.

3. LA CONFRONTACIÓN

psicológico sobre maldad de una madre, pero habrá que rechazar la *junk science* o "ciencia basura" de un perito psicólogo mal formado.

Desde la perspectiva del método judicial de toma de decisiones, el objetivo a alcanzar en esta tercera fase del análisis es la validación del material probatorio recaudado.

La validación interna (o el rechazo) de la afirmación fáctica asumida se produce por la convergencia entre la conclusión probática y la experiencia del juez o las reglas de valoración probatoria. Cuando la afirmación ("el edificio colapsó porque el arquitecto no encargó las probetas de hormigón de control de su resistencia"), se concluye probatoriamente como probada ("el arquitecto lo ha reconocido al ser interrogado en juicio"), ponderadamente y sometida a una crítica sana ("no es razonable delegar esta función en el Jefe de Obra, como dice el declarante") ello ha de superar aún la validación normativa ("los hechos personales y perjudiciales reconocidos en el interrogatorio hacen prueba en contra del declarante").

Si la afirmación no pugna con el caudal experiencial del juzgador, el juez pasa de la constatación a la aceptación, mediante un mecanismo de asimilación, con integración de la nueva afirmación en el caudal intelectual o cognitivo. Si, por el contrario, existe una divergencia inaceptable con el patrón normativo (experiencia del juez, regla de valoración probatoria), la afirmación fáctica asumida debe rechazarse como contraria a la ley o la experiencia (a los referentes normativos) y por ello inasumible, exponiendo después, en la argumentación, con claridad las razones del rechazo.

Desde la perspectiva de las reglas de valoración probatoria, en este paso el juez o jueza se enfrenta a las previsiones de los artículos 304, 307, 319, 326, 373 o 348 de la LEC. Estos preceptos contienen reglas o referentes normativos que el juez no puede obviar y cuya infracción llega a ser objeto de recurso extraordinario.

Constituye también un elemento de confrontación la adecuación de la fuente de prueba, con criterios recogidos en normas legales. Así, no es fuente de prueba la declaración de quien aporta hechos no personales o no perjudiciales, el Código de Comercio todavía desconfía de la prueba testifical cuando se trata de contratos de cierta importancia, porque habitualmente este tipo de contrato se realiza por escrito; o la prueba de testigos es apta para aportar hechos vividos, no para aportar razones de ciencia (aunque cada vez las fronteras son más difusas).

También afectan a la adveración de la afirmación probatoria asumida las noticias "de referencia" (tanto de testigos como de peritos) o recoger lo que "manifiesta" la parte sobre acontecimientos históricos o sobre la causa de los hechos sin posibilidad científica de contraste. Todo esto, en esta fase de confrontación, resta credibilidad a la afirmación y puede impedir su validación o facilitarla. Puede, por ejemplo, conforme a doctrina jurisprudencial, atribuirse a unos informes documentales una eficacia probatoria superior a la de la pericia, especialmente cuando por su minuciosidad, claridad y comprensibilidad resultan más convincentes para el juzgador.

4. LA ORIENTACIÓN (EL MATERIAL PROBATORIO DEPURADO)

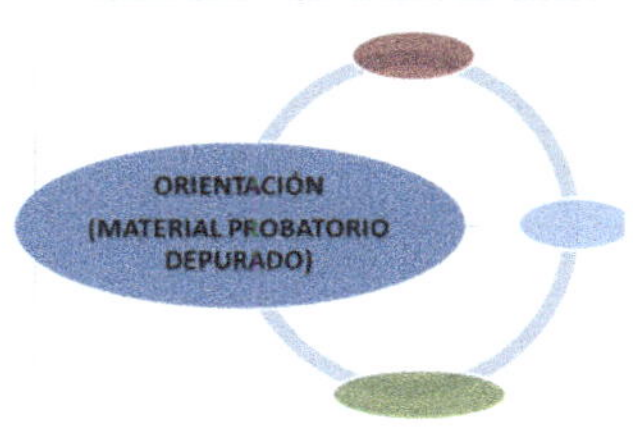

El juez debe llevar a cabo, finalmente, un juicio de relevancia sobre la afirmación fáctica, es decir, un juicio de utilidad o suficiencia de la explicación para acreditar el hecho. La "in-tensión" respecto a las afirmaciones fácticas es la base de la motivación fáctica, por ello la orientación del material probatorio depurado debe ser completa y útil. Es la etapa final de la fase de prueba, el de la orientación del material probatorio hacia el análisis del caso, tomando como horizonte el presupuesto fáctico de la norma, la proposición normativa.

La motivación "en serio"[36], en lo fáctico, propia de la fase de "extensión", de motivación, tiene su base en una correcta orientación del material probatorio depurado.

En este proceso (y en otras fases del proceso de toma de decisiones) es importante la introspección, evitando la implicación, los sesgos y los estereotipos. MOLINS[37] habla de avaricia cognitiva, es decir, de la tendencia de los seres humanos a utilizar mecanismos de procesamiento de bajo coste computacional. Cuando nuestro cerebro se enfrenta a una nueva información, instintivamente tiende a simplificar y la regla que inspira estos procesos de simplificación es la utilidad. Pero estos procesos de simplificación pueden conducir a errores. Los prejuicios cognitivos no son propiamente errores, son atajos empleados por los humanos a la hora de predecir y tomar decisiones, sobre todo cuando no hay mucha información.

Esta "avaricia cognitiva", o, quizás mejor, la tendencia a afrontar el estudio de la prueba y los nuevos retos desde una perspectiva subjetiva y parcial, favorece una asimilación también parcial de las afirmaciones fácticas, según el perfil cognitivo del juez o jueza, parcialidad contra la que hemos de luchar. Cualquier abordaje extremo puede constituir un sesgo. El conocimiento personal, la constante autocrítica y la motivación son los mejores antídotos. Y sobre todo el trabajo en equipo.

Es necesario utilizar criterios de proporcionalidad en la consideración de la capacidad de actuación del juez, la propia de un juez medio, no la de un juez excelso, supremo, con una alta sensibilidad o con un privilegiado coeficiente intelectual. Por tanto, el límite exterior se sitúa en la incomprensión por parte del juez medio de la correcta orientación de las pruebas, del material probatorio depurado, lo que revertirá en la consideración, a veces errónea, de las

---

36 ANDRÉS IBÁÑEZ, P.: "Acerca de la motivación de los hechos en la sentencia penal", Doxa: Cuadernos de Filosofía del Derecho, N° 12, 1992, p. 257-300.

37 MOLINS GARCÍA-ATANCE, J.: "Los sesgos cognitivos", Plan Estatal de Formación Continua, Cuadernos Digitales de Formación n. 1, 2021., p. 12.

reglas de la carga probatoria, atribuyendo a la parte que no ha logrado aportar el dato fáctico con claridad meridiana, las consecuencias de esa falta de habilidad.

Desde el punto de vista subjetivo, no puede exigirse al juez un nivel de abstracción excelso ni un análisis lógico supremo de la prueba. Los jueces, como seres humanos, también tenemos nuestros límites y si el concurso de pruebas pone sobre la mesa una complejidad de elementos que exigen una especial preparación en sensibilidad, abstracciones, métodos de análisis lógico-deductivo propios de personas de coeficiente intelectual privilegiado, un bagaje normativo y unas virtudes excelsas o una visión profética de las consecuencias de la decisión, no es exigible del juez el lograrlo. Desde la perspectiva objetiva, los conocimientos más profundos y las habilidades más aceradas sobre la lógica y la deducción tampoco son exigibles al juez.

Como dice ATIENZA[38], el juez debe decidir sin ser "decisionista". Debe tratar de potenciar al máximo los aspectos cognoscitivos de su práctica, sin perder de vista que siempre quedará, al menos, un resto de voluntad y que esto significa reconocer que juzgar supone ostentar un poder.

Si el hecho no se prueba siguiendo este método, todavía es posible generar la convicción fáctica a través de otros medios de valoración probatoria (presunciones, juicios de inferencia, etc.), incluso a partir de las mismas afirmaciones fácticas.

Como cláusula de cierre, hay que tener en cuenta que la disposición natural del ser humano es la de confiar y creer y, por tanto, la predisposición natural del juez debe ser la de creer la afirmación, porque éste es el estado habitual y el no creer constituye caso de excepción. Es otra vez, un llamamiento a la necesaria ingenuidad.

---

38 ATIENZA, M.: "¿Qué puede hacer la teoría por la práctica judicial?", en el libro de VV.AA.: "Crisis del Derecho y sus alternativas", Consejo General del Poder Judicial (Cuadernos de Derecho Judicial, monografías, III), Madrid, 1995, p. 125.

Capítulo Cuarto

Los referentes normativos: Hecha la ley, hecha la trampa

Una vez finalizado el análisis de la prueba y obtenido el material probatorio depurado, el juez necesita validar sus conclusiones confrontándolas con la norma, con los referentes normativos. Es necesario un contraste subsuntivo: el ensamblaje o no de los hechos acreditados por el material probatorio depurado en las normas de derecho (en la proposición normativa o presupuesto fáctico de la norma y en su consecuencia legal).

Su convicción no es suficiente para decidir el asunto. Debe someterse al ordenamiento jurídico, a un marco objetivo, democrático, que en forma de preceptos de aplicación (normas, principios, valores, máximas de experiencia comunes, criterios jurisprudenciales, incluso reglas éticas y quizás, lo veremos, big data o datos de inteligencia artificial) legitimen su decisión. Si el ordenamiento jurídico, en su conjunto, no acoge la convicción judicial, la única evidencia es que tal convicción es equivocada. Sin embargo, no hay "trampa" cuando la elección de la norma o normas es ajustada, la depuración o interpretación admisible y la validación, posible. Hay supuestos en que este proceso puede dar lugar a conclusiones diferentes, según quién sea el juez que, siempre honesta y cabalmente, ha de decidir. Pero no porque su abordaje haya sido parcial (convergente, asimilador, acomodante o divergente). Y ello sin olvidar el tema de la "ley injusta" (o, si se quiere, la que no puede validarse con principios y valores superiores del ordenamiento jurídico).

Es decir, tras la "in-tensión" llegamos al marco legal general y a los criterios de autoridad, entre ellos la doctrina del Tribunal Supremo y del Tribunal Superior (lo que debe significar una formación y preparación del juez, el conocimiento en profundidad de todas las fuentes de derecho) y de otros tribunales, conforme a la jerarquía normativa, el principio de convencionalidad y el de cosa interpretada.

FIGURA 15

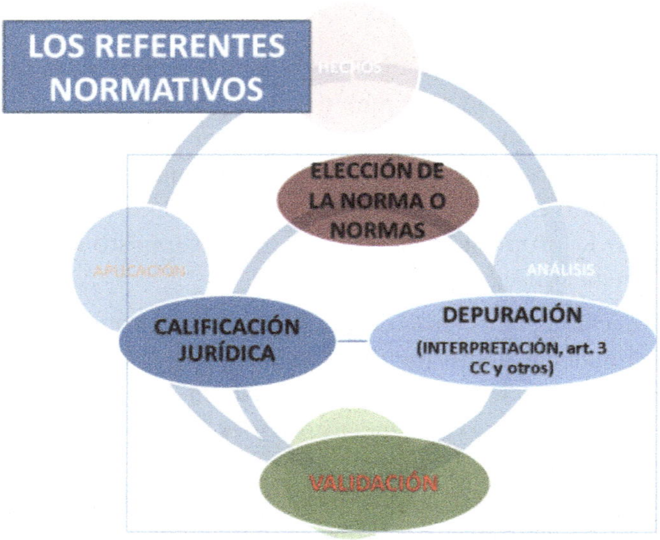

LOS REFERENTES NORMATIVOS

ELECCIÓN DE LA NORMA O NORMAS

DEPURACIÓN (INTERPRETACIÓN, art. 3 CC y otros)

CALIFICACIÓN JURÍDICA

VALIDACIÓN

Utilizo la expresión "referente normativo" pensando no sólo en la norma (positiva, usual, jurisprudencial), sino también en los principios, no sólo en las fuentes secundarias, escritas o no, sino también en las fuentes primarias u originarias. También actúan como referentes normativos la experiencia acumulada (el *background*), los valores y la moral, los principios éticos, etc. Las leyes son mandatos definitivos (a pesar del problema de la interpretación) y los principios deben ponderarse, pero el juez está abocado a hacer uso de unos y otros. Hablo, en definitiva, de todo enunciado prescriptivo con el que debe enfrentarse el juez o jueza, cualquier referencia al "deber ser", frente a las fases anteriores, de prueba y análisis, más centradas en el "ser".

Lo primero es saber cuál es la norma aplicable, determinarla, elegirla (lo que guarda relación con la *editio actionis*, la sustanciación y la individualización). A la elección sigue la interpretación (nuevamente un proceso analítico), la validación (con los referentes de los referentes normativos) y la aplicación, o, si se quiere decir así, la subsunción o la calificación jurídica.

Para fijar la norma, se reproduce de nuevo un fenómeno de "aprehensión", ahora en el acceso a la realidad del texto normativo, en la elección de la ley aplicable. En todo proceso y en materia disponible, hay una inicial selección de la norma aplicable, determinada por el demandante en razón de la *editio actionis*, en principio[39]. En materia no disponible, es el juez o jueza quien identifica la regla de derecho, aunque no lo puede hacer de forma sorpresiva, sin conocimiento y sin audiencia para posible valoración de las partes.

Como dice BELLOSO[40], es necesario identificar las lagunas y antinomias legales que puedan presentarse en la operación de investigación de la norma aplicable al caso, clasificarlas y, mediante los modos de resolución que correspondan, resolverlas (aspecto referencial normativo, al que denomino "depuración"). Si se detecta conflicto de principios, intereses o derechos, dice que es necesario desarrollar una cuidada ponderación, sopesando en el caso concreto qué principio o derecho debe prevalecer sobre el otro (y motivarlo), se trabaja con conceptos jurídicos, raramente cerrados o definidos por el legislador, la mayor parte de las veces con con-

---

39 Cabe recordar las doctrinas sobre la individualización y la sustanciación en la causa de pedir. Tradicionalmente, para las acciones de contenido real se ha sostenido la sustanciación y para las personales, la individualización. Si se reclamaba en acción reivindicatoria por compraventa y se estimaba por usucapión, la sentencia no era incongruente o si se reclamaba por el daño, la doctrina de la unidad de la culpa civil admitía aplicar las reglas de la culpa contractual o extracontractual. Sin embargo, en las acciones personales, de crédito, no era así. Si se reclamaba una cantidad por revocación de una donación, no podía concederse por devolución de préstamo o por enriquecimiento injusto.

40 BELLOSO MARTÍN, N.: "Los desafíos iusfilosóficos de los usos de la inteligencia artificial en los sistemas judiciales: a propósito de la decisión judicial robótica vs. decisión judicial humana", en Sociedad Plural y nuevos retos del Derecho, 1ª ed., abril 2021, p. 24.

ceptos jurídicos indeterminados o con conceptos abiertos, como los que figuran en el texto constitucional (plazo de tiempo razonable, honor, tutela judicial efectiva, intereses legítimos, etc.), o en el resto del ordenamiento jurídico y en la norma jurisprudencial (protección del interés superior del menor, motivación suficiente, justa causa, amistad íntima, etc.), porque, para esta autora un juez prevé las consecuencias de la decisión y está comprometido con los valores y principios constitucionales, decide con una discrecionalidad técnica, realiza una tarea de contextualización cuando interpreta la ley, la contextualiza, la argumentación judicial no siempre es estrictamente deductiva a diferencia de la inteligencia artificial, que no puede contextualizar, no puede prever sus consecuencias, no puede comprometerse.

Es función del juez subsumir los hechos acreditados en la ley, encajar el material probatorio depurado en las proposiciones normativas de hecho, en el presupuesto fáctico de la norma, y deducir después sus consecuencias. En este sentido, al juez le corresponde la calificación jurídica. El perito, por ejemplo, nunca puede señalar de forma directa a la persona responsable de un hecho, es necesario reservar al juez la fijación de en qué grado debe ser imputado jurídicamente el resultado fáctico a cada uno de los litigantes. El paso a seguir en la toma de la decisión no es, sólo, ni siquiera para el juez Júpiter, la validación abstracta de la conclusión analítica, la comparación de los hechos depurados con las normas aplicables, del rango que sean, la integración en la decisión de las reglas que estén implicadas en la solución final del debate.

La relación entre los distintos referentes normativos no siempre se resuelve por criterios jerárquicos. Nos enseñaron que sólo en defecto de norma escrita se puede acudir a la costumbre y después a los principios generales del derecho y que existe prioridad de la ley orgánica sobre la ordinaria (y dejando de lado los criterios de territorialidad en la elección de la ley aplicable). Pero no siempre está clara la diferencia entre principios generales del derecho y principios y valores constitucionales y entre éstos y los valores derivados de la integración en la Unión Europea o las normas, principios y valores contenidos en los Convenios Internacionales suscritos por España. Hemos aprendido que tiene prioridad la ley europea sobre la interna, el principio de convencionalidad y el principio de cosa interpretada, etc. Por ello el juez debe estar atento a la yuxtaposición y a la elección de la norma positiva, a la ponderación de derechos fundamentales, al juego de los principios cuando están por encima de los textos positivos, especialmente en los casos difíciles.

En este ámbito se ubica la elección de la norma. A veces la elección lleva a una sola norma, pero muchas veces es necesaria una elección de varias normas y referentes, interpretar "en conjunto" o "a la luz" de otro texto, de un Convenio, de un principio... Y con la elección se repite *ad interum* el círculo: la captación o lectura, la interpretación del sentido de la norma, de sus posibles interpretaciones y orientación hacia una concreta[41], la validación de la interpretación a la luz de referentes normativos superiores (constitucionales, principalistas, éticos, el propio bagaje normativo del juez o jueza)[42] y la aplicación, lo que desembocará en la justificación (en la cuarta fase del círculo decisional).

En otras palabras, internamente, el círculo decisional se repite en cada fase. La intelección de la norma o del conjunto normativo referencial, la actividad tendente a comprenderlos e interpretarlos, su superior validación y la calificación jurídica final están ubicadas en este tercer paso de la toma de decisiones. Es necesa-

---

41 En esta sede, surge el debate subjetivo u objetivo sobre el *in claris non fit interpretatio*, sobre el poder creativo originario del juez y los "casos difíciles" y sobre la equidad (cfr. OROZCO "La creación judicial del Derecho y el precedente vinculante", cit., p. 57 y ss.).

42 OROZCO, cit., estudia la creación judicial del derecho como acto discrecional a partir de la pluralidad de alternativas normativas y sus límites y desarrolla el proceso de selección discrecional de la solución normativa en cuatro pasos: la elección discrecional de alternativas jurídicas correctas, la elección de la alternativa como acto libre y voluntario, la fijación de criterios de elección y el momento de la decisión (cit. p. 69 y ss.). Para mí, todo este proceso se lleva a cabo fundamentalmente en la fase tercera del círculo decisional, aunque la justificación debe materializarse en la cuarta.

ria primero la aprehensión o captación de la fuente normativa, la lectura o la formulación del principio. El segundo paso es su análisis, su interpretación (en el contexto de lo que tradicionalmente ha sido el art. 3 C.c.), seguido de la validación a la luz de los valores y de los pre-juicios (entendidos como juicios previos, como el bagaje acumulado, la experiencia jurídica del juez), y a la luz de otros principios, de interpretaciones precedentes o de los valores. Este círculo interno termina con el juicio de utilidad, de aplicación al caso, la "calificación jurídica" y abre la última fase, la de la redacción de la sentencia, la de la motivación jurídica y la argumentación final.

1. LA ELECCIÓN DE LA NORMA

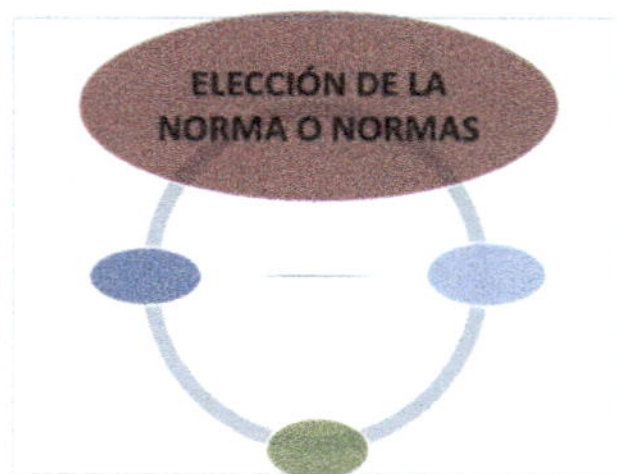

El interés subjetivo de cada parte le conduce a elegir la regla de derecho, invocarla e interpretarla en el sentido que le sea favorable (y no necesariamente con ánimo de forzar su elección, invocación o interpretación por el juez).

El principio *iura novit curia* permite al juez, a salvo lo que hemos dicho sobre la *editio actionis*, tras un juicio comparativo entre el material probatorio recaudado y los presupuestos fácticos de diversas normas, proceder a la elección e interpretación de la que considera adecuada o correlativa a los hechos, dejando de lado las demás normas. Muchas veces, la ambigüedad de los hechos o de la *causa petendi* (conforme a reglas de sustanciación y no de individualización) determina la aplicabilidad de una de ellas y excluye la de otra u otras. Esta elección no puede ser caprichosa, pero no estamos ante un problema de "textura abierta" (del lenguaje, de la norma, en los términos que HART expone[43]), sino del fundamento normativo de la toma de decisiones (principalista y ético).

El juez al determinar la norma o conjunto de referentes no hace de "notario", dando fe de algo inmutable, ni tampoco se inventa la fuente de derecho. Es necesaria la lectura como primer test de posible aplicabilidad, pero en el proceso decisional, decidir la norma o las normas aplicables no es un acto puramente "declarativo", tampoco exclusivamente "creativo". No te limitas a estudiar la aplicabilidad de las normas invocadas (*iura novit curia*), pero debes "elegir", evitando el "voluntarismo" de buscar la norma que crees que facilitará una solución para ti justa. Es cierto que en muchos casos el contexto del debate (la descripción de los hechos en la demanda, la *editio actionis*, el material probatorio recaudado) aboca claramente a un precepto legal. Y el sistema decisorio incluye mecanismos para evitar que el juez infrinja el principio de legalidad, de forma que no es infrecuente que, cuando el juez busca voluntariosamente la regla de derecho, la necesaria obligación de motivar con honestidad le haga "rebotar" la elección y que finalmente el juez decisor rechace la norma inicialmente escogida y deba buscar otra. A menudo decimos que, si intentando una determinada motivación ésta no se sostiene, es que nos hemos equivocado en el planteamiento y debemos rectificar. Todo ello sin perjuicio del sistema de recursos, especialmente los extraordinarios, que buscan la defensa de la legalidad (diferente objetivo de los de amparo constitucional o del recurso ante el Tribunal Europeo de Derechos Humanos).

Cuando el juez o jueza, se enfrente a averiguar el alcance normativo de las afirmaciones insertadas en el material probatorio recaudado, busca su encaje en el presupuesto fáctico de la norma, en las proposiciones descriptivas que tienen la vocación de su aplicabilidad. Va de las afirmaciones probatorias a la norma. Pero no es raro

---

43 HART, H. L. A.: "El concepto del Derecho", Buenos Aires, 1963, ed. Abeledo-Perrot, S.A.

que (y esto puede determinar un modelo de juez o jueza), el viaje se inicie en la norma o normas y sus presupuestos factuales que el juez considera eventualmente aplicables y sólo después "subsuma" sus afirmaciones probatorias. La diferencia es importante: partir del hecho abre las perspectivas mientras que partir de la norma las reduce. Hay que ir "de arriba abajo" en el círculo decisional (tal como lo hemos dibujado) y no de "abajo a arriba" (aunque esta expresión valga para el dibujo del silogismo), seguir el sentido de las agujas del reloj, discurriendo del hecho a la norma y no al revés, lo que permitirá un progreso "helicoidal", como después veremos. En cualquier caso, el juez a menudo se enfrenta a los límites del presupuesto fáctico descrito, a los límites de la proposición descriptiva.

VIGO[44] explica que ninguna proposición descriptiva (ningún presupuesto fáctico de la norma) capta y agota el hecho, ni siquiera si el precepto incluye una serie extensa de proposiciones, y que las descripciones fácticas normativas sufren los problemas de un lenguaje con vaguedades y ambigüedades [por ejemplo, el artículo 105.2 de la LDOIA cuando habla de "situación de desatención o negligencia que atente contra la integridad física o psíquica del niño o el adolescente" como causa de desamparo]. Considera que los hechos, en la norma, son "hechos institucionales" y no "hechos sucios". Concurren pues diversas posibilidades significativas y la elección queda en manos del jurista. Si el juez actúa honestamente, habrá una serie de *feedbacks* repetitivos entre los hechos que ha fijado y la proposición normativa (el presupuesto fáctico de la norma) hasta encajarlos o rechazar el encaje. Por otro lado, los hechos conllevan valoraciones de cara a su relevancia y respuesta jurídica y, además, hay hechos valorativos (como el daño psíquico grave en un desamparo, por ejemplo), en ocasiones paralelos a conceptos jurídicos indeterminados (como el interés superior del menor).

---

44 VIGO. R.: "La interpretación (argumentación) jurídica en el Estado de Derecho Constitucional", Tirant lo Blanch, México, 2017, p. 183.

1.1 Normas y principios

El juez o jueza que sentencia, que decide, debe integrar los diversos referentes normativos cuando busca las normas con las que debe resolver o sustentar su decisión.

De normas legales existen varias posiblemente aplicables a cada caso. Una vez aplicados los filtros externos (*editio actionis* y ley aplicable), los derivados de la naturaleza de los hechos (el material probatorio recaudado) y el de la jerarquía normativa, a menudo nos encontramos con la confluencia de normas primarias y secundarias y debemos aplicar las segundas "a la luz" de las primeras. Derechos fundamentales, derechos humanos, derechos convencionales se insertan en ese proceso.

Los principios generales del derecho son fuente del ordenamiento jurídico (art. 1.1 C.c.) y vienen tradicionalmente recogidos en forma de aforismos en relación al derecho positivo, para algunos, al derecho natural. Informan el ordenamiento jurídico, por lo que son considerados tanto en la elaboración como en la interpretación y aplicación de las normas, y, por otra parte, también son utilizados para encontrar soluciones concretas a casos determinados en defecto de la ley o la costumbre. Así, el principio de buena fe, que exige una conducta recta u honesta, también importante en materia de interpretación de la ley a cargo de las partes, el principio *pacta sunt servanda*, etc.

Pero la visión iusprivatista de los principios generales del derecho ha sido superada por el derecho constitucional (me refiero a los principios y valores constitucionales) y por el derecho internacional (derechos humanos, convenciones sobre infancia, protección de la mujer, de las personas con discapacidad, etc.). Hoy, hablar de principios tiene un alcance más amplio. Más allá todavía de los principios y valores constitucionales existen los derivados del derecho europeo y convencional. La jurisprudencia constitucional ha elaborado en todos los países (incluso antes de su "politización[45]") los principios de igualdad (tratar igual a los iguales y desigual a los desiguales), de jerarquía (principio que determina la supremacía o inferioridad de las normas), de proporcionalidad (como remedio contra los excesos del poder legislativo y del poder ejecutivo), de subsidiariedad (las entidades superiores públicas son incompetentes respecto a lo que las personas y las sociedades menores son capaces de hacer) y las condiciones para la aplicación de estos principios a la vida de los particulares (en torno a la teoría del *Drittwirkung*). En Derecho internacional pueden surgir otros enunciados: principio de ayuda humanitaria internacional, de intervención, de no intervención...

Probablemente, la expresión más extensa es la que se refiere a los principios jurídicos como los pensamientos directores de una regulación jurídica, indicadores de los principios del Derecho justo[46].

1.2 La norma jurisprudencial y el precedente

En cuanto a la norma jurisprudencial, el juez o jueza la ha de tener en cuenta, pero el derecho creado judicialmente (la jurisprudencia de los tribunales superiores) plantea el problema de la vinculación.

---

[45] Me refiero a la pérdida de autoridad de los Tribunales Constitucionales cuando dictan sentencias que reflejan un sesgo ideológico o partidista. Estos tribunales están llamados a fijar criterios "políticos" con mayúscula y no a "politiquear".

[46] En el sentido de la diferencia entre reglas y principios de ALEXY, R.: "El concepto y la validez del Derecho", ed. Gedisa, 2004, p. 75. Vid LARENZ, K: "Derecho justo. Fundamentos de ética judicial", ed. Civitas, 1993, p. 32 y 34. Larenz enumera como principios, en la esfera individual, el principio general del respeto recíproco (que se basa en los derechos fundamentales pero que los ultrapasa), el principio de autodeterminación y autovinculación en los contratos y el de equivalencia en los contratos sinalagmáticos y el principio de confianza y buena fe. En la esfera de la comunidad describe los de participación, igualdad y proporcionalidad y nivelación social.

La Ley de Enjuiciamiento Civil predica en su Exposición de Motivos el valor de las "mejores sentencias, que, dentro de nuestro sistema de fuentes del Derecho, constituyan referencias sólidas para el futuro y contribuyan así a evitar litigios y a reforzar la igualdad ante la ley" y en torno a la noción de "doctrina jurisprudencial" regula lo que los estudiosos refieren como "norma jurisprudencial", siempre vinculada al caso concreto y que puede presentarse como formulación normativa (cuando el tribunal casacional pretende "sentar doctrina jurisprudencial" y lo declara así en un fallo) o como forma de reflexión y conclusión en abstracto en la argumentación jurídica. En todo caso, entiendo que el "precedente" (cuando el caso ya resuelto presenta concomitancias con otro nuevo) no sería en sentido propio, en Derecho español, ni doctrina, ni norma jurisprudencial, no está situado en el ámbito de la elección de la norma, sino sólo sería casuística ejemplificativa, situada más en el ámbito de la interpretación de las normas, pues nos ayuda a entender el alcance de una norma positiva o, a lo sumo, vendría recogida en el ámbito de la validación, no de la elección.

Es necesario distinguir la "doctrina jurisprudencial" del precedente. Cuando un tribunal casacional fija "doctrina jurisprudencial" emite proposiciones normativas generales en la parte dispositiva de sus sentencias. Es la que, infringida, permite el recurso de casación por interés casacional (art. 477.3 LEC), aunque no siempre es fácil diferenciar en sus sentencias entre la "creación" y la "aplicación" normativa. Diferente es el precedente, no en el sentido anglosajón[47] sino como el caso o conjunto de casos previos en los que los presupuestos fácticos de la norma aplicada son fundamentalmente los mismos que en el nuevo caso que debe resolverse (semejanza que tampoco es fácil establecer, pues depende de los hechos depurados en cada caso, difícilmente iguales). La consideración de la casuística comparativa tiene todavía un cierto valor, pero el precedente decae como fuente complementaria y sólo adquiere vuelo en relación al

---

47 Los "leading cases" o "landmark cases", de especial relevancia jurídica, centrados en la *ratio decidendi*.

derecho constitucional (arts. 14 y 24 CE) en el sentido de que el tribunal no cambie caprichosamente de criterio (SSTC 161/2008 y 102/2000)[48].

Respecto a la norma jurisprudencial persiste el debate sobre la superación o no del artículo 1.6 C.c., en el sentido de si la jurisprudencia "complementa el ordenamiento jurídico" o es una nueva fuente normativa, en la que una sola sentencia puede tener fuerza normativa, obligatoria. Persiste también el debate sobre el alcance de las sentencias del Tribunal Supremo y del Tribunal Superior de Justicia, sobre su fuerza vinculante (directa o indirecta), especialmente de las sentencias del Pleno, que a pesar de ser una sola, sirven para fundamentar por sí mismas un recurso de casación según acuerdo del Tribunal Supremo de 27 de enero de 2017, y las sentencias dictadas para fijar la doctrina "que corresponda" en los recursos por interés casacional, equiparando a dicho acuerdo también la doctrina jurisprudencial, en interpretación del art. 487.3 LEC[49].

Dice AGUILÓ[50] que resulta obvio que en nuestros ordenamientos jurídicos existen normas generales de origen judicial y añade que ello contrasta, sin embargo, con el carácter fuertemente controvertido de afirmaciones como que los jueces crean derecho o que la jurisprudencia o el precedente es fuente del derecho. Y añade GARCÍA PÉREZ[51] que afirmamos cotidianamente como principio

48 El principio de igualdad en la aplicación de la ley supone que, para que se produzca una desigualdad en esta aplicación, es necesario que "un mismo órgano judicial, en supuestos sustancialmente idénticos, resuelva en sentido distinto sin ofrecer una adecuada motivación de su cambio de criterio, o sin que la misma pueda deducirse razonablemente de los términos de la resolución impugnada".

49 No es este un trabajo para estudiar el recurso de casación, pero trato de ello, desde la perspectiva del alcance de la toma de decisiones en el ámbito de la casación, en el Anexo I.

50 AGUILÓ REGLA, J.: "Fuentes del derecho y normas de origen judicial", RGLJ, n. 3, 2009, p 2.

51 GARCÍA PÉREZ, O.: "El principio de legalidad y el valor de la jurisprudencia", Indret, Revista para el análisis del Derecho, Barcelona, octubre de 2018.

que la jurisprudencia del Tribunal Supremo no es fuente del derecho (y por tanto no genera precedentes vinculantes), y por otra parte, la aplicamos mecánicamente a todos aquellos casos a los que pueda concernir. Pero estamos con este autor, también con FERRERES[52], cuando defienden que por lo general la jurisprudencia en sentido estricto, es decir, las sentencias reiteradas del Tribunal Supremo [y las del Tribunal Superior de Justicia], vinculan a los jueces y tribunales inferiores de una u otra manera, la jurisprudencia tiene carácter vinculante y esto no es más que el síntoma de una realidad, a saber, la de que estas sentencias crean o desarrollan el derecho y, en consecuencia, estamos ante una fuente del derecho (la norma jurisprudencial como distinta del precedente ejemplificativo).

Algunos legalistas sospechan de la norma jurisprudencial como fuente del derecho al considerar que está infectado de creatividad judicial. Hay que ser cautelosos a la hora de clasificar las decisiones judiciales (o a los jueces) en legalistas y políticos o —algo muy relacionado con lo anterior— hay que ser prudentes a la hora de sentar un dualismo maniqueo entre derecho y política[53]. Como constata IGLESIAS[54], los parámetros positivistas de aplicación de la Ley son ya difícilmente compatibles con un entorno jurídico moderno, fragmentado en el ejercicio del poder y en plena expansión normativa, y en el que los derechos fundamentales, entendidos como un contenido esencial definido mediante la práctica judicial, pero en todo caso bien definido, deben ser el centro del sistema.

---

52 FERRERES COMELLA, V.: "Carácter vinculante de la jurisprudencia", con Xiol Ríos, ed. Fundación Coloquio Jurídico Europeo, Madrid, 2ª ed., 2009, p. 45.

53 POSNER, R. A.: "Cómo deciden los jueces", trad. Victoria Roca Pérez, ed. Marcial Pons, Madrid | Barcelona | Buenos Aires, 2011, p. 147.

54 IGLESIAS SEVILLANO, H.: "La construcció d'un concepte de Justícia europea: la visió des del diàleg entre el TJUE i els tribunals nacionals". Revista de Estudios Europeos, nº. 71, enero-junio 2018 ("Ejemplar dedicado a: Congreso internacional de Jóvenes investigadores sobre la Union Europea)".

No existe previsión legal sobre la delimitación de los supuestos de vinculación directa a la norma jurisprudencial, pero la jurisprudencia de nuestros Tribunales Superiores es sólida. Dada la falta de previsión legal y la incipiente consolidación del sistema de doctrina jurisprudencial no se puede menospreciar la expectativa de sucesivos cambios, pero, por ejemplo, en Cataluña el buen trabajo del Tribunal Superior dificulta a las Audiencias el análisis desvinculatorio respecto a la norma jurisprudencial (sucesora de la "jurisprudencia consolidada").

Un juez estará obligado a aplicar una sentencia en la que se haya fijado doctrina jurisprudencial, deberá estar a su *ratio decidendi* en otro caso suyo, salvo que considere que exista una diferencia razonable en los hechos de ambos casos. La norma jurisprudencial y su *ratio decidendi* resultan vinculantes tanto si ha sido emitido por tribunales superiores, como por el propio tribunal de instancia (SSTC 268/2005 y las citadas y 54/2006), desde la perspectiva de los artículos 14 y 24 CE.

Es necesario que la doctrina jurisprudencial sea idónea (sentencia firme, suficientemente motivada, que no sea obsoleta, que no haya sido desplazada por una decisión posterior o por un cambio legislativo, y que no haya otra doctrina previa contradictoria, caso de doctrina errática o pendular). La norma jurisprudencial así entendida debe ser pública y es aplicable de oficio y la vinculación dependerá de la equiparación fáctica y jurídica del caso resuelto y el caso actual en lo esencial (igualdad o semejanza de la *ratio decidendi*).

La comparación es la tarea más compleja, lo que OROZCO[55] considera una inducción del supuesto de hecho concreto en un supuesto de hecho genérico (por lo que es necesario identificar la *ratio decidendi*, depurar su presupuesto de hecho o "hecho-tipo", una generalización, y la subsunción a la nueva situación concreta). No pueden las Audiencias Provinciales rehuir este proceso.

---

[55] OROZCO MUÑOZ, M: "La creación judicial del Derecho y el precedente vinculante", ed. Aranzadi - Thomson Reuters, 2011, p. 57.

Para SIERRA[56], es necesario distinguir el "concepto jurisprudencial" que muchas veces se vincula con una entidad abstracta y por tanto no se relaciona con un caso en particular y justamente lo que evoca es la aplicación generalizada.

En otro sentido, ya he diferenciado norma o doctrina jurisprudencial y precedente. La norma jurisprudencial es externa y la recogemos de otro tribunal, cuando nos mostramos de acuerdo con la similitud de las razones (que forman parte de la sentencia) que ha expuesto otro juez (normalmente, un órgano con función casacional) para sustentar su decisión judicial (la *ratio decidendi*), con las razones que nosotros constatamos. Tomamos las razones expuestas por otro juez u otro operador jurídico para aplicarlas a nuestro caso, por la similitud con las que se discuten. Por el contrario, el precedente no sería un referente normativo sino un caso similar, cuya similitud respecto al caso que juzgamos, apreciamos[57]. No hay una norma jurisprudencial, si por norma entendemos el enunciado prescriptivo del Tribunal Superior de Justicia o del Tribunal Supremo en la parte dispositiva de algunas de sus sentencias, sino un supuesto análogo.

Curiosamente, la fuerza vinculante no plantea dificultad respecto a la jurisprudencia del TEDH o a la del Tribunal de Justicia de la Unión Europea (aunque la primera realiza, sustancialmente, análisis de hechos y la segunda, de derecho). Por el efecto vinculante directo de las resoluciones del Tribunal Constitucional, del Tribunal Superior de Justicia de la Unión Europea o del Tribunal Europeo de Derechos Humanos no es necesaria ninguna "homologación" o "introducción" a través de sentencias del Tribunal Supremo o del Tribunal Superior de Justicia de Cataluña. El sistema legal nos permite (y nos obliga) a aplicar, conforme al principio de convencionalidad y al principio de cosa interpretada, tanto los Dictámenes de la Comisión de Derechos Humanos de Naciones Unidas como las senten-

---

56 SIERRA, El precedente, p. 264.
57 SIERRA, El precedente, cit.

cias del TEDH y también las de nuestro Tribunal Constitucional. BREGAGLIO[58] sugiere, en relación con el Sistema Interamericano de Derechos Humanos, que el control de convencionalidad puede ser asimilado a un control de constitucionalidad difuso, es decir, a cargo de los tribunales de instancia. De alguna manera, en la interpretación y aplicación directa de la Constitución se lleva a cabo este "control" (a pesar del control concentrado exclusivo del Tribunal Constitucional) cuando se tienen en cuenta sus principios y valores.

2. INTERPRETACIÓN JUDICIAL Y DEPURACIÓN

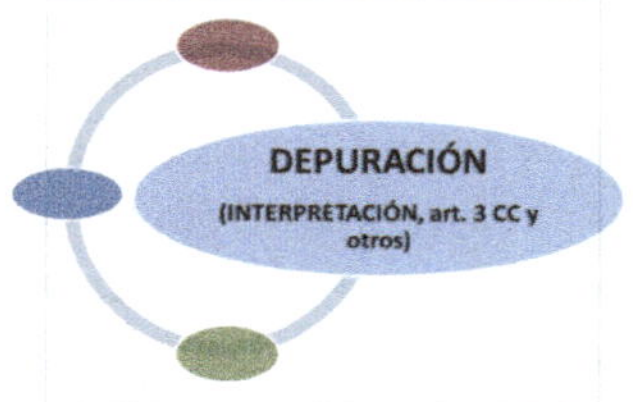

La interpretación de la norma viene ubicada en el ámbito cognitivo de la depuración. Es en mi opinión, básicamente, un ejercicio intelectual interno previo a la validación y la calificación jurídica y preludio de la argumentación o razonamiento (de finalidad persuasiva y que se manifiesta en la cuarta fase del círculo decisional). Este proceso se lleva a cabo en torno a los referentes normativos, aunque después deba plasmarse en la argumentación (jurídica). Entiendo que, de nuevo, dentro del ítem normativo se repite el círculo decisional (elección de la norma, interpretación jurídica, valora-

---

58 BREGAGLIO LAZARTE, R.: "Reflexiones en torno a la noción de estándar jurisprudencial y sus posibilidades en el Sistema Interamericano de Derechos Humanos en el marco del control de convencionalidad", en el libro: "Argumentación jurídica y motivación de las resoluciones judiciales, Ponencias del Sexto Seminario Internacional de Derecho Procesal: Proceso y Constitución", coord.: Giovanni Priori Posada, Perú, ed. Palestra, 2016, p. 341.

ción y aplicación) y que el estudio de la interpretación jurídica tiene aquí su lugar y no en sede de argumentación jurídica.

Este paso, de "in-tensión" de la norma, tiene la misma naturaleza, en el proceso decisorio, que la interpretación o interiorización de la prueba, que la ponderación del análisis o que la argumentación en la decisión, de modo que en todas ellas sigue al impacto de base (la captación, la afirmación fáctica, la elección de la norma o el sentido de la decisión) y precede al contraste referencial (la valoración de la prueba, la confrontación del análisis con máximas de experiencia, la virtualidad y validación de los efectos de la resolución).

Respecto al referente normativo, al otro extremo de la calificación jurídica, de la "ex-tensión", el juez o jueza, y todo operador jurídico, todo alumno, todo científico o investigador, todo académico, aprendiendo, antes de dar sus razones, las construye en un proceso de reflexión. Encontrada la fuente, la interpreta, analiza su sentido y alcance (después la validará y la aplicará). Es importante destacar, en el eje horizontal que estamos describiendo, que no vamos de los hechos y su análisis directamente a la norma, desnuda, para construir la calificación jurídica, sino que, una vez escogida y leída la ley, interpretarla comporta un ejercicio intelectual analítico, distinto de valorarla, lo que haremos después en relación a otros elementos referenciales (principios sociales y ética), antes de aplicarla (lo que llamo la calificación jurídica). Entiendo que la reflexión o deliberación sobre la norma son propias de la interpretación jurídica, no de la argumentación jurídica, y tampoco están situadas en contexto de fijación de los referentes normativos. La dimensión prescriptiva del proceso decisional (la "orden", el fallo) se lleva a cabo en la última fase, la decisoria propiamente dicha, y dará lugar a la argumentación, en contexto de justificación, de forma aplicativa.

La calificación jurídica de los hechos (que se inserta a través de la identificación del presupuesto fáctico de la norma, de la proposición descriptiva en la interpretación) y la "derivación" (interpretación o construcción del significado de la fuente normativa), descritos por OROZCO[59], no son, a mi entender, sino elementos de este ámbito de la decisión. Lo que este autor denomina "la selección de la fuente normativa" es para mí un paso previo y el "fundamento de la *ratio decidendi* de la resolución judicial", constituye el último paso en el círculo, la aplicación (la calificación jurídica), tras pasar por los referentes normativos de validación.

Cualquier interpretación de la ley (y en tanto admite varias) puede ser una "trampa", partiendo del dicho popular que intitula este capítulo, pero evitando el sentido peyorativo del término. Quiero decir que la subjetividad puede llevar, incluso de buena fe, a una o varias interpretaciones personales según los rasgos de personalidad del juez o los diferentes modos de abordaje, sin que sean necesariamente todas erróneas, ni todas inválidas salvo una. El proceso puede producir una interpretación no sesgada de la norma, pero subjetiva, que se imponga.

Me refiero aquí a la interpretación en su sentido más general, el que hemos expuesto cuando hablamos del "arte de juzgar", a lo que DWORKIN[60] defiende como las teorías interpretativas de cada juez, las que se basan en sus propias convicciones sobre el "sentido" (el propósito justificador, el objetivo principio) de la práctica legal. Según este autor el juez interpreta desde la perspectiva de sus convicciones sobre el sistema jurídico como un todo y es inevitable que estas convicciones sean diferentes, al menos en relación con las de otros jueces. Sin embargo, como DWORKIN reconoce, una variedad de fuerzas mitiga estas diferencias y conspira hacia la convergencia, porque toda comunidad posee paradigmas de derecho, proposiciones que en la práctica no pueden objetarse sin sugerir corrupción o ignorancia, y eso nos acerca a una visión más técnica: a pesar de las convicciones de cada juez o jueza, interpretar parte de,

59 cit., p. 26 y 27.

60 DWORKIN, R.: "El imperio de la Justicia", ed. Gedisa, Barcelona, 2012, p. 58.

primero, identificar las reglas y normas que proporcionan el contenido provisional de la práctica (lo que, añado, nos permite diferenciar el supuesto de otros análogos), en segundo término pasa por establecer una justificación general para los principales elementos de la práctica identificada en la etapa pre interpretativa (que es poco estructurada) y nos aboca a la etapa post interpretativa o reformadora, donde ajusta su sentido sobre lo que necesita "en realidad" la práctica para adecuarse mejor a la justificación que se acepta en la etapa interpretativa.

Reitero que, tras decidir la norma o normas aplicables (después de la elección), viene la interpretación. La doctrina de la interpretación jurídica, en tanto pretende fijar el sentido y alcance de la norma, pertenece al proceso decisorio que describimos en la tercera fase, paso segundo.

VIGO[61] no lo ve así y entiende que la interpretación jurídica es un saber jurídico prudencial-retórico que forma parte de la argumentación o razonamiento y apunta al esfuerzo racional que el jurista debe hacer para determinar y persuadir a los destinatarios de que la solución jurídica se ajusta al caso y no es arbitraria o autoritaria. E incluye en el razonamiento justificatorio, prudencial o interpretativo la dimensión retórica, que pretende persuadir al destinatario. Pero la argumentación y la persuasión se sitúan, en mi opinión y siguiendo la estela de KOLB, en la cuarta fase, la de la decisión.

Cada vez más interpretamos las normas de una forma que la opinión pública, una u otra fuerza política e incluso algunos sectores jurídicos consideran con carga "política". También lo ven así a veces los litigantes, algunos abogados u otros operadores jurídicos, más allá del lógico descontento de quien no ve atendidas sus pretensiones.

---

61 VIGO, R. L.: "La interpretación", p. 114.

Esta crítica, negativa, cuestiona la propia función judicial y es nociva y peligrosa en términos sociales para la correcta división de poderes y para la propia democracia, especialmente en materias sensibles, penales o contencioso-administrativas con repercusión pública o política, y en asuntos de "frontera", en los que resolvemos a menudo con base en principios y valores y no exclusivamente con textos positivos (de los que a veces carecemos). Una parte importante de este resultado es imputable a los propios jueces, que no nos explicamos bien, y otra, a los destinatarios de nuestras resoluciones, directos e indirectos (los medios de comunicación, grupos de presión, entidades sociales y partidos políticos, según su tendencia), de forma que parecería que cada vez más dudan e incluso están convencidos de nuestra falta de independencia, del servilismo respecto a una u otra posición política, de "derechas", de "izquierdas"...

Ya he hablado de la subjetividad, de los sesgos y los estereotipos, del *background* de cada juez o jueza y de su neutralización. Pero hay que añadir que la indeterminación de la ley, su insuficiencia, en otras ocasiones la diversidad de soluciones normativas, nos obliga a situarnos en el ámbito de los principios y valores, que no siempre se ven como comunes a toda la sociedad y se reciben como ideológicamente sesgados o partidistas, "progresistas" o "conservadores", etc. Son casos en los que no es posible una interpretación neutra y que el mandato del *non liquet* nos obliga a resolver, buscando referentes comunes a toda la sociedad, si es posible, ajenos a las ideologías concretas. Creo firmemente que actuamos con humildad y con honestidad intelectual y que, en el vertido de los rasgos de la personalidad, la concreta manifestación del modelo de juez (convergente, asimilador, acomodante o divergente), corregido por el uso de elementos de contraste, como los que nos aporta la reflexión sobre los casos difíciles, aboca en la mayoría de los casos a soluciones validables jurídica, social y éticamente.

Estoy refiriéndome, especialmente, a los llamados "casos difíciles", en relación con el tema de las lagunas del Derecho. Son "casos difíciles" aquellos para los que no existe una ley o precedente judicial que los resuelva y aquellos que no pueden ser resueltos a la luz de una interpretación, reinterpretación o ex-tensión de la ley o el precedente existente en el sistema. Sería razonable que los casos difíciles fueran resueltos en casación, pero el tribunal de instancia también debe afrontarlos, como presupuesto.

Mi experiencia me muestra que en los casos difíciles acudimos a la superposición de normas positivas, constitucionales y supranacionales para intentar aplicar el derecho y solucionar el caso. Las aplicaciones directas de la Constitución, del principio de convencionalidad (la aplicación directa de un tratado internacional) y del principio de la cosa interpretada (por el Tribunal Europeo de Derechos Humanos, por la Comisión de Derechos Humanos de Naciones Unidas, por el Cedaw, etc.) nos ayudan a la aplicación judicial de la norma, a la solución del caso.

POSNER[62] sitúa los casos difíciles en una "zona abierta o de indeterminación [en la que] el juez es un legislador", fenómeno "tan profundamente arraigado en el sistema jurídico y político y en la cultura americana, que ninguna reforma factible podría alterar".

Éste es un tema clásico de la Filosofía del Derecho en el que no me extenderé demasiado. Solo decir, en una gran simplificación, que existen jueces y juezas que buscan la solución en la línea que postula HART[63] y otras que optan por una solución que recuerda las ideas de DWORKIN[64].

Según la primera, ante una regla jurídica contraria a la moral, el juez puede plantearse la obligación moral de no aplicarla y cuando nos situamos en la zona de penumbra de la regla, en los casos de contradicción normativa y en los supuestos de lagunas normativas, los jueces disponen de "discreción" (que no arbitra-

---

62 POSNER, "Cómo deciden", p. 26.

63 HART, H.: "El concepto de Derecho", ed. Abeledo Perrot, 2011, Buenos Aires. Argentina, 3ª ed. Se adscribe tradicionalmente este autor al positivismo.

64 DWORKIN, R.: "Los derechos en serio (Taking Rights Seruiously)", Traducció Marta Guastavino, Barcelona, Ariel Derecho, 1° Edició, 1984. El pensamiento de Dworkin avanzó gracias al debate con su maestro, Herbert Hart.

riedad), fundamentando sus decisiones en pautas razonables que no son parte del Derecho. Esto, que tiene más sentido en el sistema anglosajón, donde el *stare decisis* es firmemente reconocido y la función de los tribunales es similar a la función de creación de normas, en nuestro sistema presenta más dificultades, porque, a falta de norma jurisprudencial (del Tribunal Constitucional, del Tribunal casacional), no es fácil identificar las pautas razonables no jurídicas.

Por otra parte, las juezas y jueces que se alinean con la propuesta de DWORKIN, creen que, en los casos de anomia normativa, debemos descubrir los derechos de las partes en litigio con absoluta precisión y certeza, derechos que existen, aunque no tengan una formulación positiva, y que se encuentran en el conjunto complejo de principios y directrices políticas, entendidos, creo, como los principios y valores reflejados en los textos constitutivos de la sociedad. El juez formulará una teoría de ese derecho, a prueba de la institución global. Se trata de aplicar unas pautas o índices intelectuales de la decisión jurídica que posibiliten dar una única solución correcta al caso (no como simple probabilidad).

GARCÍA AMADO[65], con cita de Alexy, hace referencia al test de idoneidad o necesidad de la norma y al juicio de proporcionalidad en su ponderación, al grado de los beneficios y daños de un derecho fuente de otro, para concluir que el método subsuntivo y el ponderativo son intercambiables.

Siguiendo a GARCÍA AMADO y extrapolando sus reflexiones, hay que analizar si se trata simplemente de ver la subsunción del hecho en la norma (por ejemplo, que si la madre se ha cuidado del hijo y el padre ha delegado siempre el cuidado, el modelo de guarda debe ser el monoparental materno, en razón del vínculo, la aptitud, la actitud, el tiempo de dedicación u otros extremos y

---

65 GARCÍA AMADO, J. A.: "Teoría de la decisión judicial. Subsunción, Argumentación, Ponderación", ed. Nueva Jurídica, 2018, p. 196.

conforme al artículo 233-11 CCCat) sino si es necesario mirar las circunstancias del caso concreto y ponderar para ver si pesa más el cuidado exclusivo o la persistencia de la figura y el rol del padre en la vida del menor. O si en un caso de demanda por daño extracontractual (art. 1902 C.c.), debe examinarse si se dan las condiciones establecidas por este artículo y por la jurisprudencia que lo aplica, o debe ponderarse cada vez los derechos y principios en juego y las circunstancias concurrentes[66]. Algo que ocurre cuando se trata de una demanda por derecho al honor, en la que se pondera, a partir de los hechos concretos, el peso abstracto del derecho al honor, por un lado, y el derecho a la libertad de expresión y/o del derecho a la libertad de informar, por otra.

Cierto, como observa este autor, que el juez o jueza, en la ponderación puede encontrarse más "libre" y con ella tiene más facilidades para su argumentación. También que no debemos perder de vista los argumentos sobre interpretaciones y el cuidado de las leyes y de la seguridad jurídica (y el riesgo de atentado al debido proceso del artículo 24 CE). También que es necesario velar por la igualdad en la aplicación del derecho (artículo 14 CE) y que la mera ponderación no satisface plenamente el deber de motivar (conforme al artículo 120 CE). Pero creo que todo esto no es suficiente para negar la utilidad y necesidad de la ponderación.

Sin embargo, a los efectos de este trabajo, reconocida la independencia de la aplicación judicial respecto a la interpretación, mi experiencia es que, ante una zona de penumbra de la norma, debida a menudo a la textura abierta del lenguaje, y a falta de la posibilidad de aplicar los criterios interpretativos del artículo 3.1 C.c.[67], tratados tradicionalmente (literal, gramatical, sistemático, lógico,

---

66 GARCÍA AMADO, "Teoría", p. 128.

67 "Las normas se interpretarán según el sentido propio de sus palabras, en relación con el contexto, los antecedentes históricos y legislativos y la realidad social del tiempo en que han de ser aplicadas, atendiendo fundamentalmente al espíritu y finalidad de aquéllas".

histórico, sociológico, teleológico), es necesario encontrar una solución.

No es éste un debate bizantino, sino propio de los supuestos de "frontera": por ejemplo, en materia de derecho de la infancia, familia y discapacidad nos encontramos con que muchas veces la ley no nos da una respuesta clara para la sumisión o subsunción del material probatorio recaudado en la norma y, sin embargo, creemos que existe un derecho (muy a menudo de origen constitucional o reconocido en normas, principios o valores en convenios internacionales). Por ejemplo, en la filiación derivada de doble maternidad no matrimonial o en la maternidad por sustitución. Entonces, el juez que tenga que descubrir qué derechos tiene la parte en ese momento, sin necesidad de inventar derechos nuevos, intenta construirlos acudiendo a estos referentes, llamémoslos "suprapositivos".

Por otra parte, una nueva fuente de interpretación normativa parece surgir cuando las redes sociales, con distinto alcance, ofrecen al juez o jueza atajos metodológicos, cuando incluso se llega a confiar en usuarios de Internet desconocidos para determinar la relevancia de una fuente legal o cuando irrumpen los programas de inteligencia artificial (AI). No podemos obviar la presencia y la influencia en la interpretación judicial de fuentes generalizadas, pero poco autorizadas de conocimiento jurídico. No sólo buscamos en internet las fuentes normativas (no siempre con garantía de fidelidad de la base de datos o de la página), sino que algunos estudios muestran que Wikipedia da forma al comportamiento judicial[68] también en la interpretación.

---

68 RAUCH, J.: "The Knowledge Constitution: A Defense of Truth", Brookings Institution Press, 2021, p. 138 a 144. La inteligencia artificial no debería ser más que, a lo sumo, un instrumento de información, predictivo. Su autoria y configuración de algoritmo condiciona su valor. Como pasó con la "máquina de la verdad" o las periciales "microfaciales", su cientificidad es dudosa. En este sentido, "[e]l "dataísmo" es aditivo y no narrativo, el "dato escueto y aislado, descontextualizado", no puede suplir el proceso de toma de decisiones (MAR-

Dentro de la interpretación jurídica, el encaje del material probatorio depurado en una u otra norma y la propia pluralidad de referentes obligan a la ponderación. Para GARCÍA AMADO[69], interpretar y ponderar son intercambiables, lo que ocurre es que la interpretación puede ser en abstracto (de la norma que pueda interesar) o hacerse después de sopesar o ponderar las circunstancias del caso. "Mientras los positivistas quieren precisar la norma, a los ponderativos les importa más precisar los hechos" y "esta diferencia crucial hace que sea diferente también, y en correspondencia, el énfasis en uno u otro tipo de argumentos justificadores de la decisión".

Sostengo que un juez convergente (acaso será llamado positivista) puede que dé prioridad a los argumentos interpretativos, es decir, a las razones para dar a la norma o las normas una u otra de las interpretaciones posibles, como dice GARCÍA AMADO. Sin embargo, en lo esencial, ha pasado (o debe pasar) por las demás etapas de la toma de decisiones, lo que compensará su tendencia formalista. Por el contrario, si seguimos al propio autor, un juez divergente (ponderativo) otorga prevalencia a los argumentos sobre los hechos, sobre el trato que merecen, sobre la justa solución para un caso con estas circunstancias concretas. Pero no dejará de estar sometido a los referentes normativos, aunque sea en forma de principios, sin que pueda, honestamente, desligar la valoración de las formulaciones lingüísticas, asumiendo el riesgo de irresponsabilidad normativa y ética, social o "política", si se quiere. En el proceso de toma de decisiones, el juez o jueza no puede prescindir de la referencia normativa. En definitiva, el positivista pondera y el ponderativo precisa la norma.

TÍNEZ GARCÍA. J. I.: "El jurista del dato", Anuario de Filosofía del Derecho, 2024, p. 93-116). En el círculo decisional, tiene difícil encaje.

69 GARCÍA AMADO, J. A.: "Teoría de la decisión judicial. Subsunción, Argumentación, Ponderación", ed. Nueva Jurídica, 2018.

En este contexto, el uso del “precedente” en el sentido que he expuesto, más que bagaje propio es bagaje ajeno (del Tribunal Superior de Justicia, del Tribunal Supremo), no actúa como “referente normativo”, ni como fuente. Se trata de una experiencia interpretativa ajena que, sin embargo, constituye un instrumento metodológico compartido valioso.

3. LA VALIDACIÓN DE LOS REFERENTES NORMATIVOS

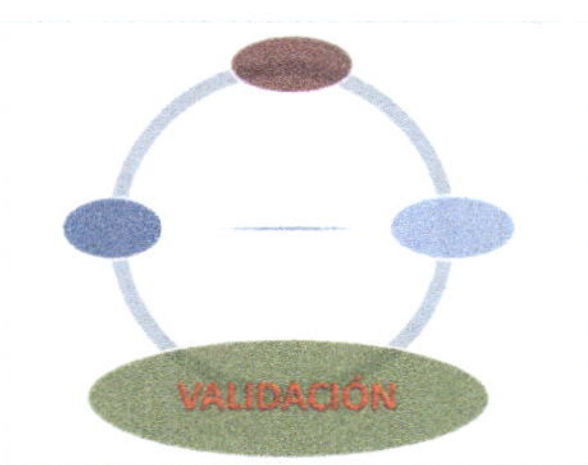

Al hablar de la elección de la norma hemos visto los diferentes referentes normativos: los principios, las normas positivas, la norma jurisprudencial y el alcance del precedente. Hemos estudiado luego la interpretación (los casos difíciles, los criterios del art. 3 C.c., los precedentes como casuística) y el siguiente paso viene referido a los valores.

No hablo del juego entre derechos y principios (aunque a veces la diferencia es difícil), sino de los valores individuales y sociales (Estado social y democrático, valores de libertad, justicia, igualdad, pluralismo político, independencia, imparcialidad, etc.) como sapiencia que permite validar las normas.

Los valores constituyen referentes normativos, son “los referentes de los referentes”. Me refiero a los valores sociales, como los que define el artículo 1.1 CE y también a los valores individuales, a la moral y la ética judicial. El extremo opuesto a la elección de la norma es su validación ética y de moral social, el referente normativo, como texto, también debe validarse, ha de existir un control de los textos a la luz de los valores. El juez o jueza valora la literalidad y la interpretación de la norma, valora la norma desde la perspectiva no sólo de los derechos y principios, sino también de los valores constitucionales y supranacionales y de los valores implícitos que el ordenamiento jurídico otorga a cualquier norma.

La ética del juez o jueza, en relación a la toma de decisiones, también es elemento de validación y no sólo implica hacer referencia a los valores generales de independencia, integridad e imparcialidad (tácitamente asumidos y que en pocas ocasiones se manifiestan expresamente), sino especialmente en torno a la diligencia, buen trato y en lo que se ha venido a llamar "prudencia"[70], que aunque abarca todo el proceso decisional, tiene mayor significación en la validación normativa y (lo veremos después) en el análisis de la virtualidad de la resolución, en la cuarta fase. En este sentido, de los dictámenes de la Comisión de Ética Judicial, pocos vienen referidos (y tan sólo indirectamente) al proceso de toma de decisiones[71], pero esto no quiere decir que los principios éticos no estén presentes en tal proceso de toma de decisiones.

¿En qué sentido actúa la ética de la jueza o el juez en la interpretación y aplicación de las normas? Por ejemplo, con la prudencia, no como concepto esotérico, sino técnico, referido a disciplinarse al método jurídico, y también para analizar las dudas sobre la ley que considere "injusta", porque, como dice POSNER[72], las normas exigen a los juzgadores imparcialidad, conciencia de la importancia de que el derecho sea lo suficientemente predecible como para

70 SANCHO GARGALLO, I: "El paradigma del buen juez", ed. Tirant lo Blanch, Valencia, 2022.

71 Son, a lo sumo, los referidos a la amistad del juez o jueza con una de las partes, a su actividad en relación con la crítica doctrinal, a las funciones pedagógicas del juez y al ejercicio de actividades docentes, formativas o divulgativas.

72 POSNER, "Cómo deciden", p. 24.

guiar la conducta de los sujetos a quienes se dirige (¡incluyendo a los propios jueces!) y debido respecto a la integridad de la palabra escrita en los contratos y las leyes. Estamos reflejando valores, que son también elementos esenciales para validar los referentes normativos.

Según SANCHO[73], la prudencia implica conocimiento técnico objetivo, habilidad y destrezas profesionales, sensibilidad subjetiva y personalísima (sobre las consecuencias de la decisión) y un saber ético constitutivo de virtud (que yo he reconducido a los principios sociales y a la ética, a la validación de ámbito normativo). Habla del "arte de juzgar" como resultado de la experiencia propia y ajena y de la reflexión.

Hablar de la prudencia, una virtud que constituye un contrapeso para el juez acomodante, y ponerla en relación con conocimientos, habilidades y sensibilidad personal no deja de ser, en mi opinión, una reproducción de la doctrina sobre la toma de decisiones y la capacitación profesional. Puedo compartir con SANCHO, con matices, que el saber ético, resultado de la experiencia propia y ajena, constituye la clave de bóveda del proceso decisional. Pero estoy con HERNÁNDEZ[74] en que si el juez debe ser la boca que pronuncia la ley, en condiciones sociales e ideológicas neutras, aséptico, políticamente neutralizado, éste es "un juez que se refugia en el territorio de la irresponsabilidad". En esta concepción, la prevalencia del derecho en la sentencia "no puede hacerse depender del virtuosismo personal del juez que la dicta. La decisión no será más justa porque el juez sea más virtuoso. Por el contrario, el juez será más o menos

---

73 SANCHO GARGALLO, I.: "Judge craft: el oficio o arte de juzgar", InDret Privado Revista para el Análisis del Derecho Nº 1 - 2023 - 4.20, p. 446.

74 HERNÁNDEZ GARCÍA, J.: "I. Fundamentos, funciones y conceptos", cuestión n. 1 ¿Cabe trazar un nexo entre la obligación de motivar las resoluciones judiciales y las virtudes judiciales profesionales y personales?", en el libro: "123 cuestiones básicas sobre la motivación de las resoluciones judiciales", CGPJ, Colección: Cuadernos Digitales de Formación, nº: 32, 2012.

virtuoso si las sentencias se acercan más y mejor a la finalidad exclusiva de una correcta aplicación del derecho".

VIGO[75] se adscribe, como SANCHO, a la idea de arte, un "arte prudencial", pero lo sitúa en la interpretación jurídica. Desplaza la argumentación al ámbito constitucional y sitúa la teoría de la interpretación en el ámbito civilista. Pero a pesar de la apelación constitucional entiendo que la interpretación jurídica es el segundo paso de esta fase del círculo y que la teoría de la argumentación jurídica debe insertarse en la fase aplicativa, la cuarta de mi esquema. Y ya he dicho que la idea de arte para mí es oscura. La sensatez o buen sentido supone la plasmación concreta de un bagaje de principios y valores en abstracto. Lo abstracto puede relacionarse con los principios constitucionales y con los valores, pero también es posible una identificación simple de los componentes de una decisión sensata: la credibilidad, la imparcialidad, la integridad, el trato igualitario y la competencia y diligencia, recogidos en las reglas de Bangalore. En este sentido, los valores pueden tener reflejo en las competencias, a través de las actitudes, y como cualidades predicables de la decisión.

Las competencias son el conjunto de elementos (conocimientos, habilidades, destrezas, actitudes) que se integran en cada sujeto según sus características personales (la experiencia anterior, las capacidades, los rasgos del carácter, los motivos, los valores) y sus experiencias profesionales, y que se ponen de manifiesto a la hora de abordar o resolver situaciones que se plantean en contextos laborales[76].

---

75 VIGO, R. L.: "La interpretación", p. 122.

76 MIGUEL DÍAZ M: "Cambio de paradigma metodológico en la Educación Superior. Exigencias que conlleva", Cuadernos de Integración Europea n. 2, septiembre 2005, p. 16-27. http://www.cuadernosie.info).

No voy a entrar en si juzgar es un oficio o arte[77], si es una ciencia o simplemente un método de solución de conflictos[78]. Parto de una perspectiva de mínimos, de que es una forma de toma de decisiones y, por tanto, más cerca de la habilidad o el oficio. Dejémoslo, tal vez, en una profesión.

La profesión de juzgar está imbuida de conocimientos (bastante unificados por la oposición), de habilidades (que debería aportar fundamentalmente la Escuela Judicial) y de actitudes específicas, sobre las que no se presta tanta atención. De estas últimas, algunos autores y mi propia experiencia da cuenta de algunas que considero destacables: a) La ingenuidad: referida a la postura receptiva ante los hechos, abierta a lo que nos llega por los sentidos, sin picardía, malicia o actitud desconfiada, el juez debe afrontar cada nuevo caso como si fuera el primero, en el sentido de predisposición positiva, frescura, y debe evitarse el sesgo de confirmación[79]; b) La curiosidad: parte del sujeto, es el ansia de saber, de conocer nuevas cosas, de aprender, esta actitud lleva a hacerse preguntas, a buscar, empatizar, analizar, estudiar); c) La imaginación, que también cita Atienza, no tanto en el sentido de concebir ideas, proyectos o creaciones innovadoras (sin perjuicio de lo que hemos dicho en cuan-

---

77 SANCHO ("El paradigma", p. 139) habla de un oficio o arte, que incluye virtudes y destrezas. El libro "The art and craft of jutging: the decisions of judge Learned Hand", ed. Herschel Shanks, New York, MacMillan, 1968, fue una compilación de sentencias del mencionado juez. Al Wiktionary se define judgekraft como "el arte, la habilidad o el oficio de ser juez". A "Judgecraft: an Introduction", Richard Moorhead, Cardiff University, UK, Dave Cowan, Bristol University, UK, September 2007, p. 315-320.

78 Supondré que las resoluciones judiciales resuelven conflictos y no los crean.

79 El sesgo de confirmación, siguiendo a MOLINS GARCÍA-ATANCE, J.: Los sesgos cognitivos", Plan Estatal de Formación Continua, Cuadernos Digitales de Formación n. 1, 2021, es un proceso mental que se caracteriza por la tendencia del sujeto a filtrar una información que recibe, de forma que, de forma inconsciente, busca y sobrevalora las pruebas y argumentos que confirman su propia posición inicial, e ignora y no valora las que no la apoyan. Es la llamada "cámara de eco", que no debe confundirse con la experiencia acumulada. En tanto la información se recolecta de los escritos de alegaciones y de las pruebas, el abordaje debe ser cada vez desnudo, ingenuo.

to a los casos difíciles), sino en el de representarse mentalmente sucesos o hechos que no existen en la realidad o que son o fueron reales, como elemento de contraste; d) La ausencia de prejuicios (en el sentido peyorativo del término), curiosamente más presentes en las fases tempranas del ejercicio profesional y que desaparecen (sustituidos por los pre- juicios, entendidos como experiencia acumulada) cuando se supera la visión interferida de los hechos y el carácter sacramental de la norma; e) La cautela y la serenidad (también mencionadas por Atienza, insertadas sin duda en la omnímoda "prudencia" de Sancho); f) La sensibilidad, que parte del sujeto y viene referida a la acogida, la empatía y a tener en cuenta qué consecuencias puede tener una determinada decisión; g) la simpatía (en el sentido de empatía) o compasión, citada por Atienza; h) La sagacidad, aludida por Sancho.

Se debería velar por un equilibrio, ya con base en la composición colegiada (plural) del tribunal de instancia, ya por un ejercicio de autoanálisis de cada juez o jueza, si actúa individualmente, que implica ser consciente de las diversas fases del círculo decisional y de los diversos abordajes de los casos, que deben tenerse, todos, en cuenta. Estas actitudes pueden ser identificadas en el proceso de formación y ejercitadas y consolidadas como habilidades a lo largo de todo el ejercicio profesional[80].

HERNÁNDEZ[81] añade que "el juez en los sistemas jurídicos avanzados es plenamente consciente de la imposibilidad ontológica de aplicar el derecho de forma políticamente neutral o coherente porque la lógica interna del derecho depende de principios y conceptos profundamente contradictorios. Los jueces son conscientes de que en los procesos decisionales se utilizan argumentos deducti-

---

80 Algún día la Carrera Judicial deberá plantearse "en serio" el tema del mérito y de la capacidad, de la igualdad de oportunidades, de la valoración, no sólo "cuantitativa" (módulos) sino cualitativa del trabajo y de los itinerarios de Carrera.

81 HERNÁNDEZ GARCÍA: "I. Fundamentos, funciones y conceptos", cit., 2012.

vos, pero también no deductivos, que numerosas decisiones se deciden en condiciones de altísima discrecionalidad y que no es infrecuente enfrentarse a supuestos en los que surge una tensión entre la sentencia a la que quiere llegar y lo que el derecho parece indicar, al menos, a primera vista. Por tanto, la invisibilización de la necesidad de un tipo de virtudes morales para llegar a una buena decisión bajo la falacia de la neutralidad y la logicidad de las decisiones, lo que esconde es una tensión que genera angustia y a la que se responde mediante un método de ocultamiento de las razones".

Este autor cree que el discurso de la no necesidad de la ética del carácter para tomar decisiones nace de no considerar las consecuencias: el juez, en la motivación de sus decisiones, está obligado "a jugar con las cartas al descubierto". Si un texto es de "textura abierta", es obligado dar las razones de la interpretación para ser promotores de la confianza colectiva.

A partir de esta afirmación, sitúa a la ética de las virtudes como la que "puede suministrar a los jueces elementos para identificar una mejor manera de ser y de hacer, constituye una verdadera necesidad funcional" y refiere como manifestaciones de esta ética la capacidad argumentativa, de escucha, el respeto por los demás, la respetabilidad personal, el compromiso con el pluralismo, la prudencia, la conciencia autocrítica, el esfuerzo de mejora, la capacidad de estudio, la transparencia, la coherencia, la buena fe, la fortaleza, el conocimiento profundo del derecho...

Por tanto, la ética, como referente normativo, aparece en el caso concreto y el juez o jueza la de tener presente en los cuatro pasos. En los hechos que aprehende y capta, el resultado de su análisis argumental debe contrastarlo no sólo con la norma positiva y los principios o valores del ordenamiento, sino también con el deber "moral" de dar sus razones, de respetar el pluralismo (lo que debe llevarlo a buscar apoyo normativo validándolo con los principios y valores comunes de una sociedad democrática), no desfalleciendo en el estudio, buscando la claridad y la coherencia.

Aunque la ética judicial afecta a todo el proceso de toma de decisiones, he querido destacar la ética judicial como elemento de validación de la norma, en el tercer paso del proceso decisional, porque, como paso previo a la calificación jurídica final, la validación normativa constituye la clave, el punto más álgido del proceso decisorio. Ello no quiere decir que en todos los casos debamos ver o sospechar aspectos éticos en la validación de las normas, pero la duda moral que pueda asaltar al juez sobre todo el engranaje decisorio encuentra aquí (y en la virtualidad de la decisión, en la cuarta fase) su lugar natural y de mayor intensidad.

4. LA CALIFICACIÓN JURÍDICA

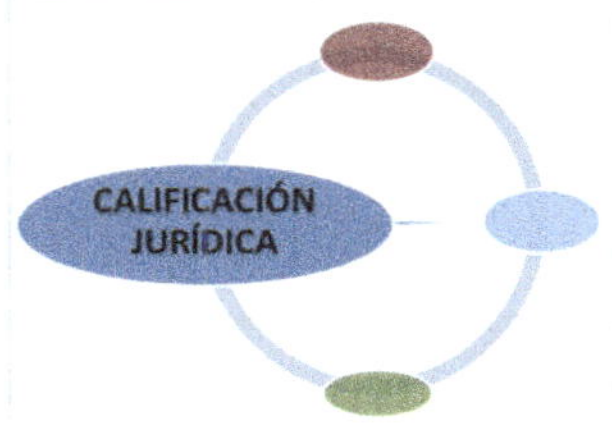

El círculo interno de los referentes normativos se cierra con la calificación jurídica, con la aplicación de la norma al caso, al material probatorio depurado. Calificar jurídicamente es ubicar una situación de hecho (el material probatorio depurado) en una norma o en un concepto jurídico. Es la fase de la decisión que implica verificar la concordancia de los hechos con el referente normativo, a fin de determinar las consecuencias legales a aplicar.

El estudio de la aplicación (judicial) del derecho encuentra su lugar natural, en mi opinión y en el marco de los referentes normativos, en el eje horizontal, el mismo que acoge la interpretación, el que va de la in-tensión a la ex-tensión. En el positivismo jurídico clásico, a menudo la aplicación se identifica con la interpretación. Entiendo que una cosa es la actividad intelectual encaminada a descifrar el alcance de la norma jurídica, la indagación de su sentido y la interpretación de si esa norma no es la aplicable, y, si no, la interpretación de otros referentes normativos o de principios y otra cosa es, simplemente, aplicar la norma al caso concreto, deducir o concluir su fuerza obligatoria, esto es, calificar jurídicamente (y, ya en la fase cuarta, plasmar la decisión).

El acierto de Dworkin fue poner de manifiesto que la aplicación del derecho no se puede simplificar. Tanto para quienes anteponen la obligación moral de no aplicar la regla jurídica contraria a los principios sociales o la ética (la "ley injusta"), como para quienes creen que el derecho de la parte persiste aunque no se encuentre una formulación positiva (y acudan a los principios y valores) hay un referente ético común: para Hart, la obligación moral (que no debe entenderse sesgadamente —como el rasgo ideológico y moral del juez— sino referido a la moral social); para Dworkin, los principios y las directrices políticas. Al final, la aplicación del derecho será una realidad.

Queda hacer referencia a la responsabilidad del juez, como cierre de la fase tercera. No me refiero a la responsabilidad civil, penal o disciplinaria, sino al cumplimiento del deber normativo y ético de tomar la decisión, a la legitimación democrática del juez. Axiológicamente debemos tener presente la responsabilidad social y "política" del juez o jueza, entendida como la obligación de adecuar el sentido de las decisiones judiciales al marco de los valores democráticos y socialmente admitidos y de responder, de poder justificar que se le adecuan[82], tanto más cuando el juez o jueza no sólo defiende los derechos de los particulares, sino que es el garante de sus derechos fundamentales. Cuando la falta de responsabilidad está

---

82 cfr. LÓPEZ GUERRA, L.: "La legitimidad democrática del juez", Cuadernos de Derecho Público, núm. I (mayo-agosto 1997), p. 66. En sentido similar, FERRAJOLI refiere esta responsabilidad política en relación a la garantía de los derechos fundamentales, como esencia de la democracia sustancial (FERRAJOLI, L.: "El Derecho como sistema de garantías", en el libro "La crisis del Derecho y sus alternativas", Consejo General del Poder Judicial, Madrid, 1995, p. 5).

tan extendida en todas las esferas (también respecto a los poderes legislativos y ejecutivos), cabe recordar que la responsabilidad es un valor fundamental, no sólo externo[83], sino deontológico. Como dicen GIULIANI y PICARDI[84], la responsabilidad del juez representa el punto de unión entre el momento ético (la relación correlativa entre la responsabilidad del juez y la responsabilidad común), el momento lógico (la reglamentación de los poderes del juez en la aplicación de la ley y en la prueba de los hechos) y el "momento politico-constitucional" (el de las relaciones entre los gobernantes y de entre ellos y el juez, y de entre éste y los gobernantes).

Al afrontar la lectura y análisis de la norma, su ponderación, su validación y su aplicación no cabe duda de que juegan valores y pre-juicios (entendidos como los juicios previos acumulados), que pueden conformar una "prudencialidad" (y una ética) en la aplicación. Ya en la fase decisoria podremos utilizar el saber jurídico prudencial-retórico, que abocaremos en esa cuarta fase a través de la argumentación.

Acepto, como conclusión de este apartado y con IGARTUA que es "razonable" presumir que el juez, mientras sopesa la decisión, tenga en su horizonte la posterior obligación de motivarla, y que ésta pueda jugar como factor selectivo para recortar el abanico de decisiones posibles. Es la gran virtud del principio de legalidad y el resultado de haber pasado por la tercera fase. Cuando una orientación decisoria, una calificación jurídica, "choca" con los referentes normativos y éticos, es equivocada. Si no puede motivarse una determinada decisión en derecho, es que es errónea.

---

83 cfr. por ejemplo, RENTERÍA DÍAZ, A.:"Discrecionalidad judicial y responsabilidad", ed. Fontamara, p. 255.

84 GIULIANI, A. i PICARDI, N.: "La responsabilíta del giudice", Ed. Giuffrè, col. Dialettica, diritto e process, Milano, 1995, p. 17 y 22.

Capítulo Quinto

La sentencia: Pleitos tengas y los ganes

En anteriores capítulos he intentado exponer los tres primeros pasos del círculo decisional, del proceso de toma de decisiones. Partiendo de las evidentes concordancias entre los procesos de aprendizaje, del método científico y de los procesos de toma de decisiones y a partir de la doctrina de David KOLB[85], he venido sosteniendo que las decisiones judiciales no responden a la aplicación de un simple silogismo jurídico, sino a un proceso circular, marcado de forma esencial por etapas de "in-tensión" y de "ex-tensión". Llego, tras ello, al estudio de la decisión misma, la decisión final, la Sentencia o el Auto que dirime el litigio, el acto de juzgar entendido en el sentido de cómo decidir el caso.

PÉREZ LUÑO[86] dice que el juez, después de haber aplicado sus sentidos a la exposición de hechos, relatos de testigos y exposición de prueba, escuchadas y vistas las partes, y después de una actividad racional para discernir esta información y sensaciones, consultando y valorando las normas pertinentes —sin que suponga una necesaria inferencia deductiva—, teniendo en cuenta lo expuesto por el fiscal, los abogados de las partes, finalmente, decide el caso, reconociendo un derecho o imponiendo una obligación.

Por "teoría de la decisión judicial" se entiende la doctrina comunicacional del derecho que investiga los procesos decisionales del

---

85 KOLB, D.: Experiential Learning, cit. Hay una amplia bibliografía sobre las ideas de Kolb y su actualización (la más reciente: The Kolb Experiential Learning Profile 2021 Technical Specifications, vid.: https://learningfromexperience.com). El "Manual de la REFJ sobre Metodología de Formación Judicial en Europa", 2016, trabaja también a partir del modelo de estilos de aprendizaje de adultos de Kolb.

86 PÉREZ LUÑO, A. E.:" ¿Qué significa juzgar?", Rev. DOXA - Cuadernos de Filosofía del Derecho n° 32 - año 2009, p. 169.

juez o jueza. Para HERNÁNDEZ MARÍN[87] es "la actividad psíquica, mental, que el juez comienza a realizar en el mismo momento en el que empieza a conocer el asunto que da origen al litigio de que se trate y culmina, al igual que la actividad procesal del juez, en el acto de juzgar". Pero aquí voy a referirme a la decisión judicial exclusivamente como el último paso de esa actividad, que, en todos los otros aspectos, he ido desgranando al hilo de la exposición sobre el círculo decisional.

El acto decisorio no me interesa aquí como acto de creación judicial del derecho, como lo trata BLASCO GASCÓ[88], sino como resultado final de la actividad del juez, como el momento culminante de exteriorización y plasmación de la decisión judicial. Hemos pasado por la prueba (captación, interpretación, valoración y utilidad) hasta obtener el material probatorio en bruto (recaudado), hemos discurrido por el análisis (las afirmaciones fácticas, su ponderación y la confrontación con las máximas de experiencia) hasta conseguir el material probatorio útil, depurado, confrontado con las proposiciones normativas, con los presupuestos fácticos de las normas, hemos estudiado después los referentes normativos (su elección, interpretación o depuración, validación y aplicación) y ahora toca plasmar la decisión final, en el eje de la "ex-tensión", a través de un último círculo interno: la decisión.

---

87 HERNÁNDEZ MARÍN, R.: "Teoría general de las decisiones judiciales", ed. Marcial Pons, Madrid-Barcelona-Buenos Aires- São Paulo, 2021, p. 16.

88 BLASCO GASCÓ, F. de P.: "La creació de la norma jurisprudencial i els TSJ", Jornades de Dret civil català, Tossa de Mar, 2023; también: "La norma jurisprudencial: (nacimiento, eficacia y cambio de criterio)", Tirant lo Blanch, 2000.

FIGURA 16

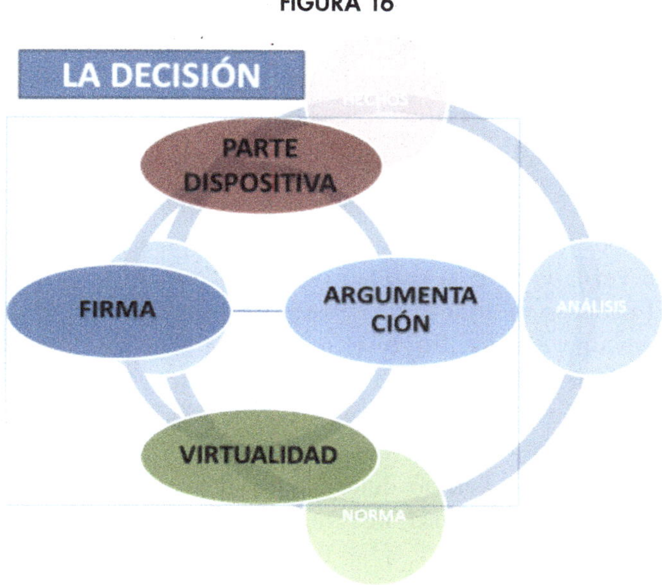

En efecto, después de la elección, de la interpretación y de la validación de los referentes normativos, llega la fase final, de justificación y redacción de la decisión y, dentro de ella, de la justificación en la decisión valorativa del material probatorio recaudado y de la justificación de la elección, interpretación y aplicación del referente o referentes normativos. La argumentación jurídica no es sólo normativa, sino fáctica y la decisión judicial sobre validación o rechazo, que es propia del contexto de justificación, debe responder a la claridad argumental y expositiva.

Esta fase final tiene una vertiente referida a la consideración de su naturaleza (admitido mayoritariamente que los jueces, en cierta medida, "crean" el derecho[89]), pero lo que me interesa es cómo resolvemos, cuál es la metodología que aplicamos (aunque sea im-

---

89 Al menos, la creciente influencia normativa de la jurisprudencia. Seguiré a OROZCO, "La creación judicial", cit.

plícitamente). Los límites de esta creación, las consecuencias de la decisión, deben considerarlos el juez en esta cuarta fase decisional (la previsibilidad de la decisión, el valor de la coherencia, las condiciones del cambio de criterio, los efectos que va a producir, etc.).

Vamos, de nuevo, de la "in-tensión" a la "ex-tensión".

Diría IGARTUA[90] que "[e]s lícito desear que el juez sea sincero y que en el momento de motivar diga, en lo posible, como ha decidido de verdad; pero la calidad de la motivación no depende de ello". "El proceso mental es de naturaleza psíquica, en tanto que el discurso es una entidad lingüística; el proceso mental permanece en el recinto privado del juez, en cambio el discurso expresado lingüísticamente se abre al dominio de lo público." No me cabe duda de que con un estado mental (un análisis) deficitario no habrá buena motivación, pero he venido defendiendo que el proceso decisorio transita, en el eje horizontal, del análisis a la decisión y que no cabe confundirlos.

Por otra parte, no haré aquí distinción entre motivación y argumentación. Siguiendo a Andrés Ibáñez, citado por IGARTUA, la motivación, como deber constitucional, tiene dos dimensiones: en el plano de la justificación, vierte y trata de ofrecer (prioritariamente) al afectado por la decisión judicial, información y elementos de juicio sobre la razón de la decisión y hace posible una lectura crítica y la eventual reacción mediante el uso de las impugnaciones (y también, añado, legitima el ejercicio del poder judicial); en el plano *ex ante* y *ad intra*, es el juzgador el principal destinatario de la motivación: se trata de conseguir que mediante la interiorización eficaz del correspondiente deber jurídico, el juez adopte una actitud que es de método: la de dar un tratamiento racional a las aportaciones probatorias y a los referentes normativos, de forma que todo el curso del proceso decisional transcurra en el ámbito de lo que es su función. La primera dimensión reside con mayor facilidad en esta

---

90 IGARTUA SALAVERRÍA, J.: ¿Cuáles son los principales conceptos de "motivación" y cuáles sus respectivas ventajas o desventajas?, cit., 2012.

cuarta fase, la segunda tiene mejor encaje en el tránsito que parte de la segunda fase (el análisis).

El acto de juzgar implica razonar. Se presupone la racionalidad, pero se trata de ver de qué tipo se trata: si fuera una racionalidad lógica, por la que se identifica la norma que deba aplicarse al caso, la actividad del juez se reduciría a un silogismo; si se trata de una racionalidad práctica, la función de juzgar consiste entonces en un proceso discursivo que busca y aporta los mejores argumentos para justificar que se aplique una determinada norma para resolver este proceso[91].

1. LA PARTE DISPOSITIVA Y LA ESTRUCTURA DE LA RESOLUCIÓN

Lo que caracteriza a las percepciones y razonamientos de esta última fase respecto de las aprehensiones y análisis anteriores es que se dirigen a obtener unas "consecuencias jurídicamente relevantes". Por eso a las decisiones judiciales se les llama "resoluciones" (sentencias, autos o simples providencias).

Como dice HERNÁNDEZ MARÍN[92], la actividad de juzgar es esencialmente una actividad psíquica, mental, que el juez empieza a realizar en el mismo momento en que comienza a conocer el asunto

---

91 PÉREZ LUÑO, ibidem.

92 HERNÁNDEZ MARÍN, R.: "Teoría general de las decisiones judiciales", ed. Marcial Pons, Madrid-Barcelona-Buenos Aires - Sao Paulo, 2021, p. 16.

que da origen al litigio de que se trate y culmina en el acto de juzgar e implica aspectos sociológicos, psicológicos o ideológicos de la actividad de juzgar, que pueden influir en ellos.

Con mayor o menor precisión, una vez llegamos a este punto del proceso decisorio, después de las tres fases anteriores, la sentencia ya está "dictada" en nuestra cabeza, al menos hay un "borrador", tenemos su sentido general y apuntados los principales argumentos, aproximados. Ya tenemos, al menos en nuestra mente, la "parte dispositiva" o "fallo". Esto ha ocurrido incluso en las épocas en las que estaba prohibido argüir o argumentar (por la consideración del sentido teocrático o de autoridad de la decisión judicial).

La decisión debe suponer un "fallo" simple, claro, imperativo y ejecutivo, pero la justificación de la decisión judicial nos lleva al terreno del razonamiento jurídico y de la argumentación jurídica[93].

La conclusión definitiva es que cualquier sentencia tiene vocación de cambiar la realidad, la decisión judicial conforma la realidad reconociendo o negando derechos. Las decisiones judiciales son casuísticas y relativas, deben ser congruentes y en cuanto a hechos pasados, pero con eficacia *pro futuro*[94]. El progenitor debe tener o no la guarda de un hijo, debe mantener un régimen relacional o no, etc. Y esta resolución ayudará a la conformación también de un estado de opinión colectivo sobre lo que "debe ser", orientando a cambios sociales efectivos. Ojalá no fuera necesaria la intervención del poder judicial, porque siempre es mejor que la sociedad, que los litigantes sean capaces de encontrar soluciones por su propia iniciativa. El proceso es un método adecuado pero costoso y no deja de ser un mal menor. Quien finalmente tiene reconocido su derecho

---

93 Entre nosotros, es la escuela alicantina de MANUEL ATIENZA la más reconocida en cuanto al estudio de la argumentación jurídica. Su obra "El derecho como argumentación", Ariel Derecho, Barcelona, 2006, ha abierto muchas perspectivas.

94 OROZCO MUÑOZ, M: "La creación judicial del Derecho y el precedente vinculante", cit., p. 57.

ha sufrido un periplo que puede justificar la maldición de la gitana: "tengas pleitos y los ganes".

En la cuarta fase, la "evidencia" del fallo no nos debe hacer perder de vista que, hasta que se firma la sentencia, todavía es necesario motivar o argumentar, de forma aplicativa, y analizar, finalmente, cuál es el contexto de la resolución y los efectos que puede producir. Puede ser que la captación de la prueba, su análisis y la interpretación y aplicación de la norma sean impecables, pero todavía es preciso un "toque de realidad": ¿cómo afectará la decisión a la vida de los litigantes?, ¿qué repercusión tendrá en términos de justicia?, ¿cómo será recibida socialmente?, ¿es una buena decisión? De nuevo surgen aquí elementos de captación, de análisis y normativos.

A veces, el problema argumentativo deriva simplemente de la forma de expresarse, de los errores de gramática más elementales. Como ya he dicho, ésta es todavía mi preocupación de cada día, mientras vivo de la palabra, sobre todo de la palabra escrita y, más concretamente, del discurso jurídico. Como juez estudio la ley y los casos, interpreto, valoro, sopeso. Y después debo exponer por escrito, argumentar, razonar. Y debo hacerlo de modo que se me comprenda[95].

En particular, es conveniente recoger en la sentencia, de forma precisa los hechos admitidos y los controvertidos, y la identificación de los "temas probatorios". Ante las conclusiones valorativas de las partes en sus informes orales o conclusiones escritas, el control judicial debe suponer la dedicación y desarrollo de determinadas habilidades de redacción. Es necesaria la identificación, en la sentencia, del debate fáctico, de los temas controvertidos y una justificación de la convicción probatoria, llevada a cabo la selección de la información relevante, la aplicación de técnicas de detección de errores o lagunas, el ejercicio de la capacidad de síntesis y estruc-

---

95 PEREDA GÁMEZ, F. J., "Reseña al libro", "Hacia la modernización del discurso jurídico" de Montolío, Estrella (ed.). Revista de Llengua i Dret, núm. 64, diciembre 2015, p. 240-241.

turación, el uso adecuado de la terminología, el uso ajustado de presunciones, deducciones y juicios de inferencia, la conversión a categorías jurídicas, la coherencia y conclusividad del razonamiento, etc.

Es necesario, después de fijar el material probatorio relevante, plasmarlo. La sentencia que no expone el razonamiento fáctico y jurídico incurre en un claro defecto de motivación. No responde a la mejor técnica copiar literalmente un documento o informe pericial en los fundamentos de derecho, pero sí destacar, "entre comillas", las frases o calificaciones más significativas y expresar los motivos que llevan a rechazarlo o aceptarlo. Esto implica una correcta selección y discriminación de la información relevante, una selección de la información complementaria y la ausencia de elementos residuales. También exige un ejercicio de síntesis y estructuración del razonamiento en apartados.

De forma similar, la fundamentación jurídica debe ser ordenada y cumplida. En caso de detección de insuficiencia probatoria o de lagunas en el razonamiento normativo y conclusivo de la sentencia, debe suplirse con el apoyo de otros elementos (en una apreciación conjunta de la prueba practicada) o con los elementos indirectos de valoración (presunciones, juicios de inferencia, máximas de experiencia, aplicación de estándares jurídicos generales, etc.), o finalmente con la aplicación de las reglas de carga de la prueba. Igualmente, en los aspectos jurídicos, a falta de una regla clara (*in claris no fit interpretatio*), supuesto cada vez menos frecuente, será necesaria una integración de las fuentes normativas con principios o valores.

La motivación, en mi opinión, abarca toda la sentencia, también el encabezamiento y los Antecedentes de Hecho, además de los Fundamentos de Derecho y la parte dispositiva. No existe una transcripción aséptica de los nombres de las partes, ni de los datos de legitimación y representación, ni de los nombres de los abogados y procuradores, ni del objeto del juicio. A mi criterio, estos datos, que ya figuran en el encabezamiento informático, derramados dentro del texto de la sentencia implican la aceptación por el juez de los primeros datos de hecho: la identidad de quien reivindica y su legitimación, el hecho de la defensa y representación, que se valida, la concreción del objeto del proceso (en una primera aproximación, que no debería identificarse con el tipo de procedimiento —"declarativo ordinario", "divorcio contencioso"—, ni con la materia genérica —"infancia", "familia", "capacidad"...—, sino con una primera aproximación al *thema decidendi* ("acción reivindicatoria de dominio", "régimen de guarda de menores", "pensión compensatoria", etc.), tal y como lo califica el juez, que es quien resuelve.

Los Antecedentes de Hecho no son "neutros", ni son un mero resumen de los escritos de alegaciones y del resultado de las fases del proceso (todos estos son antecedentes que podríamos ahorrar si no hay cuestión litigiosa sobre el trámite), sino una selección, una "traducción" de lo que el juez ha entendido como esencial en los planteamientos de cada parte, en vistas a fijar el objeto de la controversia. Por eso, en los Antecedentes se pueden obviar manifestaciones de los escritos que no constituyen el eje de la pretensión, se pueden intercalar valoraciones (por ejemplo, sobre lo que no se ha rebatido en la contestación, a los efectos de fundamentar después la aplicación del artículo 405 LEC), etc. Es en este sentido que comparto la idea de ALISTE[96] de que la distinción entre antecedentes de hecho y fundamentos de derecho no implica una contundente separación entre los motivos de hecho y de derecho que fundamentan el enjuiciamiento. Esto no priva para que, más allá de lo que dice ALISTE, los fundamentos de derecho a veces encubren (no la mayoría de veces), una yuxtaposición (o amalgama) de fundamentos fácticos y jurídicos interrelacionados entre sí, pero inevitablemente se integran de calificaciones jurídicas de los propios hechos y de valoraciones normativas, también de los aspectos fácticos ínsitos en la redacción de los preceptos a aplicar (las proposiciones normativas, los presupuestos fácticos de la normas).

---

96 ALISTE SANTOS, Tomás J.: "La motivación de las resoluciones judiciales", 2018, ed. Marcial Pons, Madrid, Barcelona, Buenos Aires, São Paulo, p. 183.

2. LA ARGUMENTACIÓN APLICATIVA

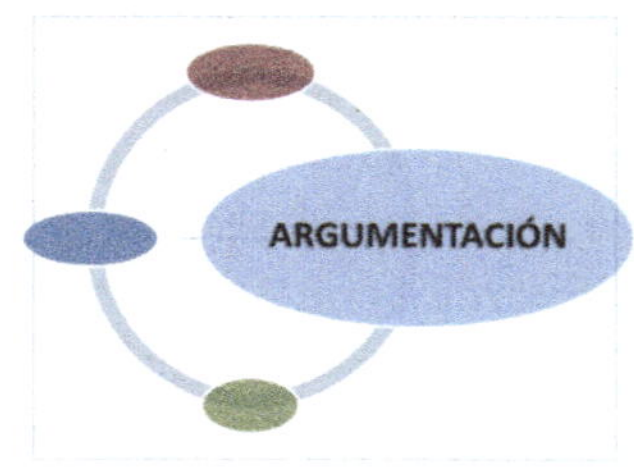

Dice RAUCH[97] que los artículos de Wikipedia sobre casos resueltos, escritos por estudiantes de derecho, orientan tanto las decisiones que los jueces citan como precedentes el contenido textual de sus opiniones escritas. En Estados Unidos, la información y el análisis legal que se ofrece en Wikipedia llevaron a los jueces a citar más a menudo los casos legales relevantes y a hablar de ellos de una manera comparable a cómo los encuadraron los autores de Wikipedia. Afirma que los jueces dependen habitualmente de sus artículos no sólo para obtener información de fondo, sino también para el razonamiento legal básico y el lenguaje específico que utilizan en sus decisiones.

Hay por un lado una atrofia o desinterés por la capacidad de montar los propios argumentos, una claudicación a la facilidad del "corta y pega", y por otro un ejercicio no racional o acrítico de validación del lenguaje que se nos presta, pues con facilidad lo tomamos como nuestro. La lectura provoca pereza en la creación y nos dirige a una validación acrítica de un texto, de un argumento, de una cita que ya nos parece bien y que hacemos propia. Pero todavía existe un amplio margen para la tarea bien hecha.

Como recoge HERNÁNDEZ[98], constituye un imperativo de legitimidad que los jueces decidan con las mejores razones y las

97 RAUCH, RAUCH, J.: "The Knowledge Constitution: A Defense of Truth", Brookings Institution Press, 2021, p. 139.

98 HERNÁNDEZ GARCÍA, "I. Fundamentos, funciones y conceptos", cit., 2012.

justifiquen junto con la ejemplaridad del proceso decisional, sobre todo cuando lo decidido afecta a los derechos y libertades. Explica que la motivación, desde el punto de vista ético y deóntico no se contempla en los códigos éticos de inspiración o patrocinio anglosajones, ni como actividad ni como resultado, expresamente y, por el contrario, en los códigos de origen continental, sí se incluye, en particular, el Código Iberoamericano de Ética Judicial, que dedica a la cuestión una ex-tensión particular. La actividad y el resultado de la motivación no puede resultar indiferente a exigencias éticas de tipo metanormativo, sostiene, y la cultura formalística, institucionalista, del derecho estimula preconcepciones simplificadoras de su aplicación con un fuerte contenido desresponsabilizador. Y añade que se priva de la perspectiva del discurso, de la necesidad de una cultura cada vez más exigente de la justificación que envuelve el [buen] trabajo judicial y que reclama ciertos rasgos de carácter.

HERNÁNDEZ refiere el sentir tradicional de la función judicial, desde el formalismo y el iluminismo jurídico: el juez no puede, porque no tiene porqué, ser sensible ante el conflicto social al que se enfrenta. El juez no debe bajar a los componentes emocionales, metajurídicos, no necesita la empatía, la discursividad, las demás formas de "débil lógica" que concurren en los procesos decisionales (por mi parte, ya me he manifestado en el sentido de que el oportuno encaje de estos aspectos se haya en la fase primera del proceso decisional).

La obligación de motivar es relativamente reciente, puesto que pertenece a una cultura jurídica comprometida con el control del poder para la garantía de los derechos y es por ello un fenómeno plenamente normalizado sólo a partir de las constituciones que surgen después de la Segunda Guerra Mundial.

ATIENZA[99] considera que el derecho es esencialmente una actividad argumentativa que tiene que ver con el lenguaje, con la lógica

---

99 Por toda su obra, ATIENZA, M.: "Curso de Argumentación jurídica", ed. Trotta, 2013.

y con otras formas de argumentación algo rehuidas en la cultura jurídica contemporánea, como la tópica, la retórica, y la dialéctica, disciplinas todas que tienen su origen en el mundo antiguo y, sobre todo, en la obra de Aristóteles. Sostiene, razonablemente, que la argumentación jurídica ha pasado a tener en la cultura jurídica contemporánea un singular valor gracias a diversos factores. El derecho es una actividad en la que los actores que intervienen deben dedicar un esfuerzo significativo a argumentar. Hay determinados derechos fundamentales que limitan o condicionan la producción, interpretación y aplicación del derecho. Atienza se inclina por rescatar y reactualizar las ideas clásicas, modernamente expresadas por los pensadores, de que el derecho es una actividad en la que la necesidad de convencer mediante argumentos (retóricos, lógicos y dialécticos), principalmente constituyen la base sobre la que se construye el derecho práctico (de abogados y jueces fundamentalmente) y, sobre los que recae la meditación científica y filosófica de la iusfilosofía contemporánea.

El estudio de la argumentación jurídica tradicional incluye la formal, la material y la pragmática, expuestas con claridad por ATIENZA, y el análisis de los argumentos (que también hace referencia a las deducciones y las falacias), ha dado lugar a una extensa literatura (desde los argumentos gramatical, teleológico, sistemático, sociológico, histórico, genético, hasta la aportación de VIGO[100], que incluye una nómina de 27 argumentos y clasificaciones), que no es éste el lugar de analizar. En todo caso, en la medida en que admitimos, con este autor, que existe más de una respuesta jurídica válida y disponible en el derecho vigente, y que

---

100 VIGO. R.: "La interpretación (argumentación) jurídica en el Estado de Derecho Constitucional", Tirant lo Blanch, México, 2017. Enumera y analiza los argumentos autoritativo o normativo, principialista, axiológico o moral, consecuencialista, genético, lingüístico, doctrinario, jurisprudencial, lógico, analógico, a fortiori, apagógico, sistemático, a contrario, la coherencia, la jerarquía, la plenitud, los argumentos económico, teleológico, sociológico, comparativo, histórico, retórico, religioso, científico, no jurídico, empírico, probatorio o práctico, conceptual o definicional y pragmático.

el jurista debe escoger una y argumentar a favor, el estudio de los argumentos idóneos toma la máxima relevancia, como herramienta del esfuerzo justificativo, y "los viejos métodos interpretativos se convierten en argumentos, aunque ya no limitados a la letra de la ley, sino como avalando o justificando premisas o enunciados constitutivos del razonamiento jurídico".

La teoría de la argumentación jurídica atraviesa el proceso decisorio judicial desde el análisis a la argumentación aplicativa, en el eje horizontal. No es el eje fundamental de la decisión la relación entre los hechos o la realidad y los referentes normativos (el eje vertical en nuestro círculo), sino lo que VIGO llama el razonamiento jurídico práctico, el proceso de análisis y la consecuente justificación (el eje horizontal). Por eso lo califica de "axiológico" (de "axis", eje) y remite a un método dialógico para llegar al saber (para mí, al tomar la decisión, al decidir, al sentenciar), desde la conducta humana y las "verdades universales", desde el "silogismo deductivo" (es decir, en el extremo opuesto del eje vertical). En la fase de análisis, el juez "argumenta" en su mente arguye para convencerse, internamente, y en la fase de decisión el juez redacta, justifica, externamente[101] (es decir, en el eje horizontal), argumenta para convencer al destinatario.

La exigencia de trasladar a terceros los (verdaderos) motivos de la decisión, lejos de resolverse en una simple exteriorización formal de éstos, retroactúa sobre la propia dinámica de formación de la

---

[101] VIGO, "La interpretación", p. 102: "...justificación interna y justificación externa: mientras aquélla remite a las vinculaciones lógicas o formales una vez puestas las premisas, la otra se ocupa de la justificación de las premisas mismas. Esta distinción tiene la utilidad de llamar la atención sobre las insuficiencias de la lógica, y la importancia del discurso axiológico y del oculto, y respecto de que, en consecuencia, un control integral sobre el discurso justificatorio no puede perder de vista esas dimensiones. Sin embargo, tiene el riesgo de desconocer que es muy difícil y de dudosa conveniencia señalar en la práctica cuándo termina la justificación interna y empieza la externa." Podríamos decir que la primera corresponde con el contexto de descubrimiento y la segunda con el de justificación.

motivación y de la misma resolución en todos sus planos. Obliga a quien la adopta a operar, ya desde el principio, con unos parámetros de racionalidad expresa y de conciencia autocrítica mucho más exigentes, evitando la aceptación acrítica, como mera "convicción", de alguna de las "sugestiones peligrosas de la certeza" subjetiva'[102]".

En la fase de argumentación aplicativa, el lenguaje puede ser narrativo (descriptivo, muchas veces necesario), elusivo (poco comprometido, a veces también necesario, si se utiliza, de forma argumentada, para rechazar lo que no constituye la *ratio decidendi*), valorativo (donde habitualmente se encuentra el núcleo de la decisión), formal-deductivo, pragmático, simbólico (cada vez más necesario para reconducir a las partes principios y valores, más allá de la controversia concreta), incluso "falaz" (Atienza).

No cabe duda de la íntima relación entre el análisis y la argumentación, entre el contexto de descubrimiento y el de justificación, dentro del eje transversal u horizontal que he descrito. Pero no se trata de repasar todas las teorías de la argumentación, ni verla desde la perspectiva de la filosofía del derecho o de otras ciencias teoréticas[103], sino de enfocar nuestro estudio de la argumentación como aplicación, en el proceso de toma de decisiones, desde de la perspectiva de nuestro trabajo.

Intentamos, debemos intentar los jueces, una plasmación clara en la resolución judicial de la apreciación de la prueba, del análisis de los argumentos y de los contra-argumentos, de la decisión valorativa sobre los hechos, también del debate sobre la elección, la interpretación, y la aplicación de los referentes normativos. La labor del juez es dialógica y diacrónica, lo que debe hacer es dar respuesta a ambos litigantes y por eso la buena motivación es "a dos columnas", de manera que no sólo se motiva fáctica y jurídicamente

---

102 ANDRÉS IBÁÑEZ, "Acerca" p. 290 y 292.

103 Para un repaso rápido de los primeros, se puede consultar GIL RUIZ, J. M.: "La función judicial: entre la ciencia y el control social", Anuario de Filosofía del Derecho número 17, ed. Boletín Oficial del Estado (BOE), Ministerio de Justicia y Sociedad Española de Filosofía Jurídica y Política, Madrid, 2000.

en sentido favorable a la decisión, sino que también debe motivarse para rechazar las apreciaciones fácticas y jurídicas que cada parte mantiene y son contrarias a la del juez o jueza decisor.

Explicar, justificar, razonar, fundamentar, fundar, motivar[104], son verbos genéricos que, con apoyo supranacional (art. 6 CEDH[105]), constitucional (art. 24 y 120 CE), orgánico (art. 248 LOPJ) o procesal (art. 208 LEC) suponen la manifestación del derecho al proceso justo, a la tutela judicial efectiva, a la defensa de los derechos que comporta obtener una resolución de fondo fundada en derecho. Esto implica que los órganos judiciales deben excluir "la imposición de formalismos enervantes y las interpretaciones o aplicaciones de las reglas que disciplinan los requisitos y formas de las secuencias procesales en el sentido de que, aunque puedan aparecer acomodados al tenor literal del texto en el que se cierra la norma, son contrarios al espíritu y a la finalidad de ésta" (ad ex. SSTC 60/1985 y 124/2019), porque sería desproporcionado y la jueza o juez eludiría la obligación de resolver definitivamente el

---

104 Se deben evitar las concepciones de estas acciones que implican mera unilateralidad. Explicar consiste en describir las causas que han provocado la decisión o parte dispositiva, que es su efecto, dar a conocer lo que se piensa o exponer cualquier materia, doctrina o texto con palabras más claras para hacerlo perceptible. Que el juez se "justifique" significaría buscar razones a favor de una conclusión. Etimológicamente, justificar es buscar argumentos de justicia, demostrar que algo es aceptable o adecuado de acuerdo con la ley o la moral y, en este sentido, entronca más claramente con el positivismo y también con los principios y valores. Motivar significa explicar la razón o motivo que se ha tenido para hacer algo, en la sentencia, la razón que impulsa al juez a decidir de una forma u otra. El concepto motivación no parece el más afortunado. Fundamentar es, etimológicamente, describir las raíces, hacerse firme en la ley como apoyo (único o principal) en el que puede descansar la decisión judicial o dar razones que justifiquen un curso de acción (ATIENZA).

105 El derecho de cada persona a que su causa sea escuchada de forma equitativa, públicamente y dentro de un plazo razonable, por un Tribunal independiente e imparcial, establecido por ley, que decida los litigios sobre sus derechos y obligaciones, implica la necesidad de una decisión judicial motivada, porque la motivación permite mostrar a las partes que su causa ha sido escuchada realmente. Por otra parte, el propio art. 45 CEDH obliga al TEDH a la motivación.

conflicto mediante la aplicación del derecho sustantivo. La obligación de motivar las resoluciones judiciales está absolutamente asumida por los jueces.

Si contraponemos "analizar" a "argumentar" (en el sentido de que el primer verbo presupone introspección, dirigida al propio convencimiento, y el segundo extraversión, dirigida a convencer al destinatario de un discurso), deberemos situar la doctrina sobre la argumentación jurídica y sobre la motivación de las resoluciones judiciales en el segundo extremo. Aun aceptando que las fronteras no son nítidas, partiremos de esta diferencia para analizar las aportaciones de la doctrina.

TARUFFO[106] defiende las ventajas de la argumentación y refiere argumentos consecuencialistas, contractualistas y finalísticos. Y dice que "la utilización de esquemas argumentativos facilitaría a las partes y al juez su labor de identificación, análisis y evaluación de los argumentos que son intercambiados en el proceso para resolver una determinada controversia". Propugna investigar cuáles son los esquemas de argumentos más utilizados en el derecho, su estructura y qué criterios determinan su solidez.

Para POSNER[107] la motivación debe ser entendida como el discurso argumentativo de las "buenas razones" que el juez aduce para sostener su decisión, para justificar su decisión. Distingue la motivación y el razonamiento que conduce a la decisión (por el procedimiento de "*trial and error*", siguiendo la lógica de la abducción o inferencia, seguida de la verificación probatoria, finalmente aceptando o no la hipótesis), lo que nosotros hemos situado en la fase de análisis. Lo diferencia de la motivación en que el juez ya ha establecido la hipótesis que representa el contenido de su decisión y debe justificarla sin tener en cuenta las demás, aspecto que nosotros

---

106 TARUFFO. M.: "Apuntes sobre las funciones de la motivación", en el libro: "Argumentación jurídica y motivación de las resoluciones judiciales. Ponencias del Sexto Seminario Internacional de Derecho Procesal: Proceso y Constitución", coord.: Giovanni Priori Posada, Perú, ed. Palestra, 2016.

107 POSNER, "Cómo deciden", cit., p. 145.

situamos en este cuarto estadio, la motivación aplicativa. "Analizando estas inferencias y la estructura de los argumentos llega a determinarse si la justificación adoptada por el juez, para apoyar la decisión, responde a los cánones de la racionalidad". Habla de un control endoprocesal sobre la completitud y la logicidad de los argumentos y de que la justificación de la decisión "en derecho" debe comprender una referencia a las razones por las que el juez se remite a una norma en lugar de otras y a los argumentos por quienes se adopta una determinada interpretación de la citada norma. POSNER añade la necesidad de un control extraprocesal, referido a la garantía democrática del correcto ejercicio de la función. Yo sitúo este último aspecto en el tercer paso de esta cuarta fase.

ANDRÉS IBÁÑEZ[108], preocupado por la motivación "en serio" (una derivación de los "derechos tomados en serio", de Dworkin), especialmente referida a la motivación fáctica, ha destacado que las decisiones judiciales en materia de prueba y de hechos resultan los momentos de mayor discrecionalidad del juez y de control más difícil. Por eso, ha llegado a proponer una nueva estructura de la sentencia judicial que incluya un apartado de motivación sobre los hechos, entre los hechos probados y los fundamentos de derecho.

El defecto de motivación comporta siempre indefensión, relevante a los efectos del art. 24 CE, y encarna una forma de ejercicio arbitrario de un poder público proscrito en el art. 9,3 CE, no sólo en el caso de motivación incorrecta, sino también en el de pura y simple falta de expresión de la motivación. El juez no puede situarse por encima de un deber constitucional impuesto inequívocamente, el constitucional es el único modelo posible[109].

VIGO[110] rescata la definición de Tomás de Aquino de "argumentum": Argumentum dicitur, quod arguit mentem ad assen tenddum alicui" (se dice argumento a lo que arguye la mente para convencer

---

108 ANDRÉS IBÁÑEZ P. A.: "En torno a la jurisdicción", p 247, citado por VIGO.
109 ANDRÉS IBÁÑEZ. P. A.: "Acerca..., p. 299.
110 VIGO, R. L.: "La interpretación", p. 102.

a alguien) y por eso sitúa el esfuerzo discursivo en el método dialógico o dialéctico. Enumera de la argumentación sus funciones: la función validante de la norma (se refiere a la argumentación jurídica y no a la fáctica), la función controladora (de la actividad judicial, control académico, superior, profesional, social, político, disciplinario, etcétera), la función legitimadora (el juez, que no es elegido democráticamente, se legitima a través de sus razones), la función concretizadora (argumentando individualiza los hechos). VIGO piensa en la argumentación fáctica aquí. Añade la función didáctica (se refiere a las reglas jurídicas como modelos y causas eficientes de conductas), la función estabilizadora (justifica la proyección de las respuestas jurídicas generales y la previsibilidad, por vía del precedente, que también incluye aspectos fácticos), la función pacificadora (la argumentación apropiada cumple una función persuasiva y no meramente resignada) y la función moralizadora (enmarcando la autoridad en el ámbito de la razón superando así el conflicto moral que supone el disponer de la libertad del otro).

Los problemas, en relación con la motivación fáctica, vienen referidos a cómo cumplimentar esta obligación, lo que implica trabajar las formas de plasmación, en la redacción de la sentencia, del razonamiento sobre el material probatorio útil recaudado (sobre lo que ya he hablado) y en relación con la motivación jurídica, afrontando la argumentación jurídica con garantías.

La motivación implica una argumentación directa o por deducciones en las que se encadenen con precisión las premisas con el resultado. Supone también la conversión a categorías jurídicas de los hechos descritos mediante subsunción. En este proceso, es necesario velar especialmente por la coherencia argumental y por concluir con claridad y rigor.

Dice IGARTUA, citando a Taruffo, que la modalidad característica del razonamiento justificatorio no es el de una opción entre diversas alternativas, sino el de enunciar argumentos que sustentan la hipótesis escogida como la "mejor", y suele expresarse según esta secuencia: a) decisión asumida como tesis; b) exposición de argumentos justificativos. En mi modesto entender, una parte del razonamiento justificatorio, la que hace referencia a la valoración de los hechos, llega a la fase de argumentación ya "depurada" en la mayor parte de los casos. El juez incluye en la motivación los hechos probados muy a menudo como resultado directo (la literalidad de un texto, la respuesta a una pregunta, la apreciación conjunta de pruebas), aunque a veces sí debe motivar una apreciación fáctica discutida y/o discutible. En estos casos la motivación se centra en descartar hipótesis alternativas (fácticas pocas veces, generalmente jurídicas). De este modo, en la mencionada secuencia deben integrarse "a dos columnas", como he dicho, los argumentos del juez y los que rechaza, de las partes (muchas veces tácitamente rechazados).

ALISTE[111] cita a Carnelutti, quien ve en la motivación judicial una declaración de ciencia y una declaración de voluntad. En una primera aproximación, yo no veo en la motivación fáctica de la sentencia una declaración de voluntad, al menos en el sentido tradicional que el ordenamiento jurídico da, como un acto jurídico en virtud del cual una persona expresa su deseo de que se generen consecuencias jurídicas. El juez no genera un consentimiento. El juez ni siquiera puede "optar", voluntariamente, debe resolver en el sentido de que la técnica jurídica le marca (a veces con opciones alternativas que no puede descartar caprichosamente). Y la motivación tiene la función de legitimar la decisión, no la de asentar un conocimiento científico, entre otras razones, porque la "verdad" que se recoge es "*secundum alegata et probata partium*", ante diferentes alegaciones, pruebas y preceptos, la conclusión puede ser diferente, todo lo contrario que con la ciencia. Y la parte dispositiva de una sentencia no es manifestación de voluntad, sino de mandato.

En la argumentación jurídica, se suele distinguir entre el *obiter dictum* y la *ratio decidendi*. El *obiter dictum* constituye una argumentación tangencial y accesoria de la resolución judicial, que busca co-

---

111 ALISTE, "La motivación", p. 183.

rroborar o ilustrar la decisión que se toma, con la que no está directamente relacionada. Por el contrario, la *ratio decidendi* es[112] aquella proposición de carácter general que sólo discute cuestiones de derecho, sin la cual un determinado caso debería haber sido resuelto en un sentido distinto. Constituye la argumentación central (en lo jurídico o normativo, yo creo que a veces también en lo fáctico) de la decisión. Es vinculante, de forma que en otros casos en los que el supuesto fáctico sea idéntico, debe mantenerse y constituye por tanto el núcleo central de la aplicación de la norma jurisprudencial. Esta argumentación no es abstracta, no es sólo un enunciado normativo, de derecho, sino que está íntimamente relacionada con los concretos hechos que se han considerado probados y subsumidos en la proposición normativa, en el presupuesto fáctico normativo que el tribunal interpreta y desarrolla.

En definitiva, los cánones de valoración y motivación ya no pueden venir referidos a unos términos generales (la sana crítica, el libre convencimiento o el prudente arbitrio), ni a la invocación de los referentes normativos, sino que es necesario dar cuenta motivada y precisa de hechos y derecho, con claridad expositiva, ausencia de contradicciones y racionalidad conclusiva y el juez debe evitar comportamientos elusivos.

3. LA VIRTUALIDAD

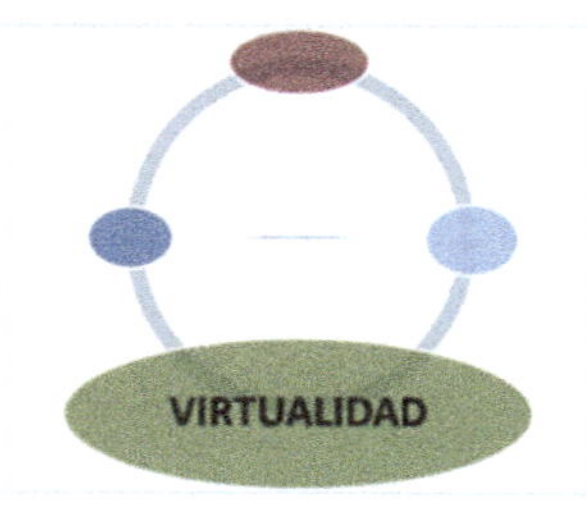

112 BREGAGLIO, “Reflexiones, p. 347.

Entiendo por "virtualidad" el vigor, la capacidad o potencialidad de llegar a ser, la máxima probabilidad de eficacia, la mayor capacidad transformadora de lo que se resuelve. Una sentencia, una resolución "justa" ha de tener la mayor proyección de llevarse a cumplido efecto.

En este sentido, el juez ha de prever las consecuencias de la decisión[113]. No es suficiente con que argumente, en hecho y en derecho, sino que, en un último control referencial, debe ponderar los efectos de la resolución, a la luz del sentido general de oportunidad y eficacia.

La última reflexión debe venir referida a la consideración del contexto de la decisión valorativa e interpretativa (de la sentencia en su conjunto) y a los efectos que puede producir. Podemos haber captado perfectamente el sentido y alcance de la pericia u otra prueba, la podemos haber analizado acertadamente, podemos haber conseguido el encaje en los referentes normativos y una impecable subsunción en la ley, pero todavía es necesario un último paso. Durante la redacción de la sentencia o después, es necesario dejarla reposar y ver el conjunto.

En el proceso, es posible que las pruebas "no lleven a ninguna parte", que no logren convencernos de que los hechos sean como los predica una u otra parte litigantes, que no puedan transformar la realidad o no permitan fijar el presupuesto fáctico de una norma llamada a ser aplicada. También es posible que el razonamiento lógico "no sirva", no sea intrínsecamente capaz de producir un resultado lógico, o que, en busca de la eficacia, el juez no la encuentre, o que la decisión no sea transformadora de la realidad (por ejemplo, porque el real debate de los litigantes no estaba en el proceso judicial, que les ha servido de mera excusa).

---

113 BELLOSO MARTÍN, N.: "Los desafíos iusfilosóficos de los usos de la inteligencia artificial en los sistemas judiciales: a propósito de la decisión judicial robótica vs. decisión judicial humana", en Sociedad Plural y nuevos retos del Derecho, 1ª ed., abril 2021.

Por último, el juez no puede prescindir de la repercusión social que pueda producir su sentencia. No ha de resolver buscando complacer una determinada tesis, ni siquiera porque considere que facilita la paz social, pero tampoco debe ser ajeno al efecto que puede producir su resolución en las partes, en los medios de comunicación social, en el mundo jurídico (aunque todo ello tiene mayor significado respecto a tribunales de orden superior), en la opinión pública. No me refiero al coraje, a la valentía o a la cobardía, sino a la conciencia favorable a la mejor ejecución de la sentencia.

Esta ponderación se nutre también de elementos normativos y referenciales: una decisión "virtuosa" no hará daño a nadie, será "oportuna", funcionará conforme a su destino, el de pacificar y el de hacer justicia.

4. LA FIRMA DE LA SENTENCIA

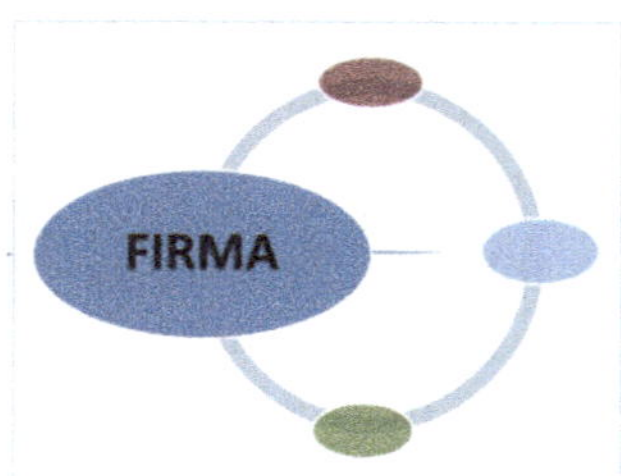

El proceso de "ex-tensión" significa tener en cuenta la proyección que tendrá la decisión judicial. Destinada a cambiar la realidad al reconocer o denegar un derecho y abrir el proceso de ejecución judicial de la sentencia, es necesario considerar esta viabilidad y validar que el cambio que producirá es "justo", si se quiere "útil", efectivo, aceptable como para justificar la intromisión en la vida de los particulares.

Aún se dice que el juez "dicta sentencias", simplificando el complejo proceso que hemos ido describiendo como si sentenciar fuera sólo el acto de justificación, históricamente oral, que se hacía "al dictado" y que el fedatario judicial recogía.

Firmar la sentencia cierra el círculo decisional, el juez ya puede descansar.

No cabe duda de que la competencia decisional del juez o jueza se evalúa. Lo hace el tribunal superior en la apelación, el tribunal casacional, el amparo constitucional, el TEDH o el órgano dictaminador designado en un convenio internacional. No tanto el TJUE, que es un tribunal consultor. Lo hacen las partes, abogados y procuradores, que se forman cabal idea de las características personales y profesionales de cada juez o jueza. Lo hace la doctrina, la prensa, todo el mundo cuando defiende o critica sus resoluciones. Y así debe ser.

5. LA HELICOIDE DEL APRENDIZAJE Y LA FORMACIÓN PARA EL DESARROLLO PERSONAL

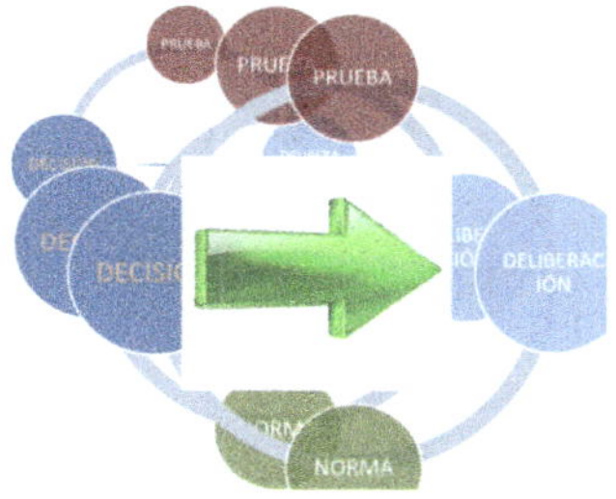

Tomar decisiones, igual que aprender, tiene sin duda una dimensión trans-temporal: cada vez que un juez o jueza resuelve acumula nuevos datos en su bagaje en forma de impresiones, en el primer paso de cada círculo interno (captaciones, afirmaciones fácticas, impactos normativos, decisiones valorativas), en forma de reflexiones en cada segundo paso del círculo interno (interiorizadas, ponderadas, depuradas, argumentadas), acumula también nuevos referentes residenciados en el tercer paso de cada círculo interno (nuevo conocimiento normativo, valoración, confrontación con máximas de experiencia, validación) y acumula nuevas opciones o resultados (utilidad de la prueba, orientación del material probatorio, aplicación de la norma, cambio de la realidad derivado de la firma de la sentencia, virtualidad de efectos) en el último paso de cada círculo interior. Todas estas vivencias enriquecen su *background*, todos estos inputs son nuevos aprendizajes que "archiva" y que surgirán como referentes en casos nuevos, en las sucesivas tomas de decisión. Y todo ello en una línea de progreso. Es lo que denomino el helicoide.

El mayor progreso en el aprendizaje deriva de afrontar el estudio de nuevos casos. Cada uno termina con una resolución que nos enseña, que aumenta nuestro bagaje. Ha quedado evidenciado el paralelismo entre el proceso de toma de decisiones y el proceso de aprendizaje, que ya KOLB[114] había estudiado. Este enfoque pudo ser asumido por CLAXTON y MURELL[115] y lo aplican todavía en la NJC (*National Judiciary College*) de Estados Unidos y también se usa este modelo en la Formación de la Red Europea de Formación Judicial[116].

La mayor parte de los jueces o juezas se centran en desarrollar su labor con profesionalidad. Pero además es inevitable, desde la perspectiva subjetiva, que toda jueza o juez lleve a cabo un proceso formativo, al menos el que deriva de la acumulación en el tiempo de las sucesivas tomas de decisión.

---

114 KOLB, *Experiential, cit.;* PEREDA GÁMEZ, F. J.: "Reflexiones sobre competencias y sobre la competencia decisoria de los futuros jueces en la Escuela Judicial Española", Revista de Educación y Derecho, Universidad de Barcelona, núm. 03, 2011.

115 CLAXTON, C. S. I MURELL, P. H.: "Education for Development: principles and practices in judicial education. Monograph Tree", ed. Michigan State University, 1999, i forma part de la "Judicial Education Reference, Information and Technical Transfer" (Jeritt). En referencias de la IOJT de 2017 todavía se estudia a Kolb (https://www.iojt.org/__data/assets/pdf_file/0011/40340/2017-Philippines-Program-English.pdf).

116 El "Manual de la REFJ sobre Metodología de Formación Judicial en Europa", 2016, trabaja también a partir del modelo de estilos de aprendizaje de adultos de Kolb.

A medida que vamos resolviendo casos aprendemos a hacerlo mejor. Pero sería bueno, en materias tan sensibles para los ciudadanos y para la sociedad, que el propio juez o jueza se interesara por las diversas formas e iniciativas de acceso a la realidad, sobre los diversos modelos del análisis, sobre el alcance del conocimiento normativo y referencial y sobre los efectos que producen sus resoluciones, especialmente si se adquiere conciencia de la posible insuficiencia de sus estrategias de aproximación a la realidad, si acepta sus déficits de conocimiento, el desconocimiento de otros métodos de razonamiento jurídico o la existencia de las falacias y de los sesgos.

La institución, por su parte, debe facilitar la formación continua, concretando cuál debe ser obligatoria y cuál optativa[117]. En esta formación el juez ha de considerar su *background*, sus intereses y sus opciones, sus rasgos y características personales y su estilo de aprendizaje para optar por nuevas acciones de formación.

El centro de la formación de los jueces debería situarse en el centro de la adquisición de los mejores conocimientos, habilidades y actitudes para la toma de decisiones a lo largo de toda la carrera profesional. El lugar natural de este aprendizaje es la Escuela Judicial, aunque se debe encontrar un equilibrio entre lo que la institución considera que debe enseñar y lo que los jueces y juezas consideren que, marcando su itinerario personal y profesional, han de aprender.

De la lectura de los objetivos generales de la planificación docente de la Escuela Judicial no se deducen con claridad las competencias profesionales que deben determinar el perfil de salida, sino que estos objetivos recogen, fundamentalmente, referencias a actitudes respecto a principios constitucionales y valores personales. La (falta) de definición (explícita) de las competencias profesionales en el programa docente es un vacío. Es necesario un avance en

---

117 Por ahora, la Formación continua es voluntaria, pero el CGPJ no puede rehuir, en interés de la calidad de la Justicia, el debate sobre los mínimos obligatorios.

la formación de los jueces que tenga en cuenta la ciencia pedagógica, entendida como la ciencia que acompaña a los procesos de aprendizaje y de mejora profesional y personal, que, volviendo a las bases, ponga en valor la disciplina y el interés[118]. Varias aportaciones pedagógicas, especialmente procedentes del ámbito anglosajón, pueden facilitar nuevos instrumentos conceptuales, metodológicos y de análisis de la realidad educativa y formativa. Es necesaria una consideración docente específica de la competencia decisoria, de la capacidad para tomar buenas decisiones (como también de otras muchas competencias).

Es conveniente profundizar en las habilidades de valoración probatoria, en el manejo emocional y en el razonamiento crítico. Habría que trabajar cómo mantener la calma, reequilibrar las posiciones, escuchar activamente, empatizar con los demás, integrarse en la dinámica del Juzgado y resolver dudas, cómo ser capaz de escoger entre las diferentes alternativas de aprehensión probatoria y cómo controlar las dudas, la angustia o la inquietud por la decisión, cuidar las formas y la cortesía. Es bueno también trabajar los elementos psicológicos de la decisión, los ancorismos y los prejuicios, que cambian a medida que los años pasan.

Un buen juez debe saber conciliar la vida profesional y la familiar y saber dedicar a cada asunto el tiempo que se merece. Una competencia así definida también debe facilitar los instrumentos para asegurar un lenguaje claro, directo y comprensible, saber adecuar el lenguaje a los destinatarios, saber diseccionar los escritos y pruebas recogiendo la información relevante y redactando los hechos probados de forma correcta, resolver la confluencia de intereses personales y ser flexible (el juez debe estar dispuesto a introducir cambios en sus procedimientos de trabajo cuando se demuestren insuficientes).

---

118 DEWEY, J: “Democracia y educación. Una introducción a la filosofía de la educación”, 1916, edición castellana, 6ª, ed., Morata, Madrid, 2004, p. 114 y ss.

Los profesores de la Escuela Judicial vienen a destacar la necesidad de la argumentación jurídica y de la justificación de la decisión, de dominar el razonamiento, también el verbal (referido realmente a la habilidad para la dirección de los debates), las habilidades de saber recoger la información relevante y saber redactar los hechos probados. El razonamiento analítico, como competencia, se construye con base en la secuencialización de los problemas y, para cada uno, con el establecimiento de los hechos determinantes, la adquisición de la convicción, la subsunción en la norma y su interpretación, la extracción de consecuencias lógicas, la interpretación de los mandatos jurídicos y la resolución de los conflictos. El razonamiento sintético debe permitir elaborar un resumen razonable de los elementos esenciales del caso y establecer con nitidez y concisión las razones de la decisión última globalmente considerada. El razonamiento verbal implica saber responder oral y públicamente a preguntas breves, exponer conclusiones, resumir trabajos, dirigir audiencias públicas, resolver oralmente y saber hacer interrogatorios.

La argumentación depende del tipo de problema jurídico que se plantee (práctico, bien o mal estructurado, binario o no) y se da siempre en un medio institucional, viene referido a valores morales y está relacionado con el lenguaje. En cuestiones controvertidas y casos difíciles se complica por cuestiones procesales, de prueba, de calificación, de aplicabilidad, de validez, de interpretación, de discrecionalidad o de ponderación.

Según los profesores de prácticas tuteladas, el juez ha de aplicar eficazmente las habilidades intelectuales de análisis y síntesis para realizar eficazmente las tareas y funciones encomendadas, así como el razonamiento verbal para expresar sus resoluciones. En cuanto al razonamiento analítico, el juez debe saber diseccionar los escritos y pruebas recogiendo la información relevante y redactar los hechos probados de forma correcta. En cuanto al razonamiento sintético, realizará una admisión correcta de la prueba o de las diligencias, realizará una valoración correcta de la prueba y deducirá del análisis de los hechos probados y de la norma aplicable al caso, las consecuencias jurídicas adecuadas. En cuanto al razonamiento verbal, el juez debe saber utilizar un lenguaje claro, directo y comprensible, cuidar las formas y la cortesía, saber adecuar el lenguaje a los destinatarios y dar respuesta a los argumentos de las partes.

Las cualidades relacionadas con el razonamiento lógico constituyen el núcleo central del trabajo del juez. Debe incluir el razonamiento sintético, que permitirá elaborar un resumen razonable de los elementos esenciales del caso y establecer con nitidez y concisión las razones de la decisión última globalmente considerada, con rigor jurídico. En otras palabras, la secuencialización en la argumentación debe ser completa e incluir la narración de los hechos del caso, la fijación del problema o los problemas jurídicos de donde arranca la argumentación, las cuestiones y subcuestiones de las que depende la solución del problema, las respuestas a estas cuestiones, las razones en las que se basan las respuestas y la solución.

Una manifestación de la formación para el desarrollo personal es la necesidad de que el juez se integre en el contexto social. Los profesores del Área de Prácticas Tuteladas recogen como valores la confianza y la integridad (el juez debe saber actuar con imparcialidad y con coherencia con los principios y valores que informan el ordenamiento constitucional de igualdad, no discriminación, etc.), flexibilidad (el juez debe estar dispuesto a introducir cambios en sus procedimientos de trabajo cuando se demuestren insuficientes), aprendizaje permanente (el juez debe tener interés por ampliar los conocimientos vinculados a la función de juzgar) y comprensión e integración (debe tener interés por estar al día de la actualidad a través de los medios de comunicación y tener conciencia del impacto de los principales problemas sociales, como la violencia, el racismo, la seguridad, la pobreza...

Sería posible emparejar las competencias relacionales con las habilidades y con el ámbito de aprehensión (que KOLB sitúa en el Norte del círculo de aprendizaje). Éste es el ámbito propio de la gestión del proceso y de la obtención de las pruebas. Las competencias analíticas se situarían en el Este del círculo, vía in-tensión, y las competencias funcionales se emparentarían con la ex-tensión, en el Oeste del círculo, junto con el análisis de las actitudes, como reflejo de una correcta aplicación de las normas y valores. Las competencias técnicas y personales (en cuanto a valores) se ensamblarían con el ámbito de la comprensión de la teoría de KOLB, situado en el sentido Sur de su círculo de aprendizaje, referido a los conocimientos jurídicos que se pretende imbuir a los alumnos y los valores (de entronque constitucional y ético).

Y en este contexto no podemos menospreciar la formación continua, que no sólo debe ser técnica, esencialmente debe permitir, como dice HERNÁNDEZ[119], un espacio para el intercambio abierto y deliberativo de ideas, incertidumbres y propuestas en torno, sobre todo, del significado y de los retos de la función de juzgar en un mundo complejo. "Los jueces y juezas no están acostumbrados, por razones culturales, ni suelen disponer, tampoco, por factores corporativos, de muchos espacios para poder expresar sus opiniones y compartirlas con otros colegas sobre las grandes cuestiones, los grandes problemas, las intensas incertidumbres que rodean y, de alguna forma, condicionan el mismo desarrollo, la misma concepción, de la función judicial".

Como dice este autor, de una u otra forma deben perdurar los espacios de diálogo, debe favorecerse la reflexión sobre el sentido de la función jurisdiccional y permitir, en consecuencia, identificar objetivos de mejora de la respuesta jurisdiccional individual y corporativa. Es muy importante, como señala HERNÁNDEZ, generar una idea de colectivo, de comunidad profesional y cultural nutrida no sólo de estrictos conocimientos jurídicos, sino también de valores, afectos y sinergias personales. "Debatir desde el respeto intelectual, desde la consideración, y la inclusión habermasiana del otro, incluso desde la profunda diversidad o discrepancia, sobre los problemas de mayor relevancia constitucional, ética y social que

---

119 HERNÁNDEZ GARCÍA, J.: Presentació dels "Diàlegs sobre la justícia i els jutges", CEJFE, Generalitat de Catalunya.

derivan del ejercicio de la jurisdicción entre jueces y con jueces y con otros juristas e interlocutores calificados puede llegar a ser una experiencia formativa de un valor profesional excepcional".

Resalta HERNÁNDEZ la importancia del debate, el equilibrio reflexivo y hacer real y efectivo el derecho de todas las personas que acuden al sistema de justicia a igual consideración y respeto: "los contenidos del diálogo son marcos de referencia. Ninguno de los temas propuestos tiene fronteras claras que permitan identificar su arranque y su final. Todos ellos interaccionan y generan la necesidad de mayor diálogo. Seguramente, la necesidad de mantener continuamente el verdadero diálogo liberal al que nos invitaba Rawls, en estos tiempos de intolerancia. Quizás, añado yo, a partir de la teoría del discurso de Habermas, sustituyendo la razón moral o política por una racionalidad práctico-comunicativa.

Capítulo Seis

Modelos de abordaje: La experiencia es la madre de la ciencia

En los anteriores capítulos he intentado describir las cuatro fases del círculo decisional (la prueba, el análisis, los referentes normativos, la sentencia) y el sentido de progreso que comporta la función judicial, a través de los sucesivos procesos de toma de decisiones.

Ha sido esta una manera de explicar el proceso decisorio que no implica que siempre se empiece por el impacto sensorial. Hay experiencias anteriores, un planteamiento diverso en cada pleito y acaso al inicio de su Carrera, perdido el juez, intenta relacionar lo que lee, los primeros impactos, con su aprendizaje memorístico y más adelante, con mayor recorrido profesional y a medida que lee, estudia y resuelve, puede contrastar con su experiencia lo nuevo con lo que ya sabe. Es importante la ingenuidad, la humildad, el trabajo y poner en sospecha siempre el estereotipo, el pre-juicio y los posibles sesgos. Si los rasgos del carácter llevan habitualmente, por ejemplo, a un abordaje práctico y aplicativo, el juez o jueza deberá disciplinarse a contrastar las restantes visiones propias del círculo decisional, trabajar más la percepción y la emotividad; si es excesivamente resolutivo, debería profundizar en el análisis y tener en cuenta el freno que al exceso suponen los referentes normativos.

Por eso presento ahora una reflexión final, que pretende poner de manifiesto cómo existen diversas maneras de abordar el proceso de toma de decisiones, en función de los rasgos de carácter y la personalidad de cada juez o jueza. Intentaré justificar que ello no implica ningún sesgo o hándicap, sino un enriquecimiento notable del proceso de toma de decisiones, especialmente en el trabajo colegial.

Desde el punto de vista subjetivo, los abordajes de los casos a decidir pueden ser diversos. Podemos encontrar a un juez o jueza más centrado en la captación, que resuelve más "con el corazón", desde los sentimientos o desde su experiencia vital, o que afronta el caso desde su perspectiva más humana. Puede haber otro u otra más dado a la reflexión, que cree en la razón y el discernimiento como fuente decisoria principal, o que parte de la "disección" de los diversos aspectos que concurren para resolver mejor. Quizás existe un tercer modelo que se encuentra más cómodo en el mundo de los preceptos y de los valores, que considera que la guía principal en la toma de decisiones debe ser la manifestación de la experiencia acumulada, los valores, la fuente normativa (la ley no es más que una formulación positiva de una regla de experiencia). Por último, un cuarto modelo quizás afronta la decisión con la determinación de encontrar la más adecuada desde la perspectiva aplicativa, la más "eficaz", un modelo de juez o jueza más dado a, con sagacidad, buscar la solución más efectiva, individual y socialmente, al problema que se le plantea. Esto me permite hablar de cuatro modelos de proceso decisor, como convención, como método para explicar la diversidad, su conveniencia y su complementariedad.

OST[120], en un conocido trabajo ya hablaba de tres modelos de juez: el juez Júpiter (el de la pirámide y el código, del monismo jurídico y político, la racionalidad deductiva y lineal, orientado a un futuro controlado), el juez Hércules (el del embudo y el dossier, el de la efectividad, presente en todos los sitios, el juez de Dworkin, el del resultado práctico) y el juez Hermes (el de la red y el banco de datos, el del juego, el movimiento y la complejidad).

POSNER[121] propone estudiar la mentalidad judicial, someter a escrutinio público los condicionantes de naturaleza sociológica, psicológica, económica, política, filosófica y también jurídica que de hecho influyen en la actividad decisoria de los tribunales, desde las condiciones laborales de la profesión de juez hasta sus conviccio-

---

120 OST, F.: "Júpiter, Hércules, Hermes: tres modelos de juez", Rev. Doxa, Núm. 14, 1993, Alicante. En un trabajo previo había intentado describir al juez pacificador, al árbitro o al entrenador.

121 POSNER, R. A.: "Cómo deciden los jueces", traducción de Victoria Roca Pérez, ed. Marcial Pons, Madrid, Barcelona, Buenos Aires 2011, p. 16.

nes ideológicas y políticas, sus filias y fobias partidistas y su función ante la opinión pública, pasando por la psicología y la personalidad de los jueces y los problemas que tienen que ver con cómo aceptan y conciben las pautas del método jurídico. Describe un modelo "normativo" de juez, a través de la jurisprudencia de los altos tribunales estadounidenses (especialmente el Tribunal Supremo, "político", en su correcto sentido), que no busque referentes políticos en otros ordenamientos jurídicos como fuente autoritativa, sino que responda a un modelo pragmático, "un pragmatismo sensible y no uno de corto vuelo".

Como dice IGARTUA[122], desde los valores, la ideología, la psicología o el proceso de aprendizaje y de toma de decisiones tanto la ideología judicial como la forma en que ésta se proyecta en los procesos de toma de decisión deben convertirse en un objetivo de análisis constitucional de primer orden. Es evidente, por tanto, que la ideología de los jueces no puede seguir siendo indiferente en términos funcionales.

POSNER enumera hasta nueve teorías del comportamiento judicial[123]. En mi modesto entender, más que teorías del comportamiento estas descripciones son posibles justificaciones de la forma de decidir, explicaciones teóricas sobre cuál es la orientación que el juez puede dar a los casos que resuelve.

---

122 IGARTUA: ¿Cuáles son los principales conceptos de "motivación" y cuáles sus respectivas ventajas o desventajas? cit., p. 36.

123 La actitudinal (en función de sus preferencias políticas); la estratégica (compatible con la anterior, según la cual el juez busca unos fines determinados); la sociológica (centra su atención en la dinámica de los pequeños grupos); la psicológica (une la psicología social y la teoría de la decisión racional e incorpora el cálculo estratégico de las emociones); la fenomenológica (a caballo entre la teoría económica y la psicológica), la económica (según la cual el juez busca la máxima utilidad de su trabajo); la legalista (parte de la experiencia tal y como se presenta en la mente consciente); la legista (el comportamiento del juez va dirigido a aplicar la ley); y la pragmatista (la otra moneda de la legalista, el comportamiento va dirigido a solucionar un problema) (POSNER, "Como deciden", p. 145).

Hay jueces y juezas innovadores y sostiene POSNER[124] que en el derecho como en el arte son los innovadores quienes tienen mayor influencia en la evolución de su campo. Afirma que cada vez la brecha intelectual es mayor entre jueces y profesores de derecho, por la crítica insuficiente y la falta de realismo. El pragmatismo, sometido a límites, es un componente importante del comportamiento judicial estadounidense: un juez pragmático evalúa las consecuencias de sus decisiones teniendo en cuenta la repercusión que cree que éstas tendrán en aquellas que él concibe como políticas públicas adecuadas.

La figura del juez como árbitro neutral, pasivo, inhibe la decisión justa y eficaz. A partir de un análisis de esta evidencia, MOORHEAD[125] critica los fundamentos teóricos del árbitro pasivo y sugiere que se formule un enfoque alternativo para juzgar basado en la comunicación como principio, un enfoque más sencillo, más empático y abierto cognitivamente para gestionar las audiencias antes de la decisión judicial. Dice este autor que debemos saber mucho más sobre los distintos estilos de juzgar, cómo son percibidos por los litigantes, qué eficacia tienen en términos de recogida y gestión de hechos y cómo se combinan hacia una resolución "justa". La ideología del árbitro pasivo es fuerte y persuasiva en el contexto de las partes representadas, pero no existe una filosofía alternativa para guiar a los jueces cuando el paradigma falla. Los jueces necesitan esa alternativa.

Como dice TATA[126], en lo que se refiere al proceso de decisión en el mundo jurídico y judicial están impuestas las categorías bina-

---

124 POSNER, "Cómo deciden", p. 19.

125 MOORHEAD R.: "The passive arbiter: litigants in person and the challenge to neutrality", Social & Legal Studies Volume 16, Issue 3: Special issue: Judgecraft, Cardiff University, UK, Dave Cowan Bristol University, UK, September, 2007, p. 422.

126 TATA, C.: "Sentencing as craftwork and the binary epistemologies of the discretionary decision process", Social & Legal Studies Volume 16, Issue 3: Special issue: Judgecraft, Cardiff University, UK, Dave Cowan Bristol University, UK, September, 2007, p. 425.

rias, que han dominado las epistemologías académicas y reformistas: reglas o normas *versus* discreción; razón *versus* emoción; principios normativos *versus* incoherencia; coherencia resolutiva grupal *versus* sentencia individualizada. Estos binarios sustentan la tradición "legal-racional" de forma que ello comporta una visión de la discreción como inherentemente sospechosa, una preferencia por el uso de justificaciones retributivas de la decisión judicial y una explicación del proceso de decisión mediante factores o variables cerrados, frente al ascenso más reciente de nuevas formas de entender la sentencia.

Ambos enfoques tienden a basarse en supuestos de cambio "de arriba abajo", que prestan una atención limitada a la personalidad del juez o jueza. TATA pretende desarrollar una concepción de la artesanía de la sentencia como proceso social e interpretativo. Realiza ciertas observaciones, tomadas de KRITZER, sobre la resolución de problemas (aplicada a las dicotomías reglas-discreción y razón-emoción); habilidades y técnicas (principios normativos y uso de supuestos analíticos cognitivos) y otros. Al concebir la sentencia como trabajo artesanal, llega a la conclusión de que las epistemologías binarias del proceso de decisión que han dominado (y limitado) la imaginación de la sentencia académica y política, se revelan como dinámicas, contingentes y sinérgicas. Los binarios tradicionales no quedan como una retórica vacía que esconde la realidad del proceso de decisión, sirven como puntos de referencia legitimadores cruciales en el vocabulario de la decisión, pero es necesario estar atentos a las dinámicas, contingencias y sinergias que llevan a ella.

Algunos estudios muestran fuertes correlaciones entre los resultados judiciales y las características personales y políticas de los jueces. ¿Buscan demostrar una "politización" y por tanto una parcialidad? ¿Tiene razón Dworkin cuando dice que sólo hay una respuesta correcta a todo problema jurídico? La solución no es tan sencilla, porque la aproximación de los jueces al proceso de toma de decisiones varía según su personalidad, más que según su voluntad o creencias.

Dice SANCHO[127] que la prudencia es la virtud más característica del "buen juez", entendida como "sabiduría práctica", como virtud moral de la inteligencia, saber obrar bien, con una dimensión ética que no tienen la ciencia o la técnica. La prudencia vincularía varias cualidades del juez (sabiduría, sentido de humanidad, seriedad, prudencia, escucha activa). Para él, juzgar no es una operación matemática de subsunción de los hechos en la norma, regida por la lógica deductiva propia de las ciencias exactas, sino por la lógica de lo "razonable", la decisión parte del conocimiento del Derecho y las instituciones jurídicas, los valores y principios generales del Derecho, que guían la operación de determinación de los hechos y su calificación jurídica, siempre pensando en las consecuencias de la decisión. De forma paralela, la búsqueda de la regla jurídica está condicionada por los hechos y su calificación jurídica, así como por las consecuencias de la decisión. Habla de habilidad y de intuición jurídica, conceptos, para mí, difícilmente reducibles a formas lógicas.

A lo largo de este trabajo estoy intentando intentar ordenar ese proceso de otra forma. Me parece mejor orientarnos hacia una reflexión que busque profundizar en los rasgos caracterológicos de los jueces y juezas, estudiar las diversas opciones por las que, desde la forma de ser de cada juzgador, cada uno aborda la toma de decisiones. Más cerca de la teoría del aprendizaje, se pueden describir los caracteres, configurados por rasgos iniciales congénitos y amoldados a través de la educación, las diversas experiencias, la forma de abordar los nuevos casos, las nuevas preguntas, los nuevos retos.

El proceso de toma de decisiones no se lleva a cabo de forma igual por todas las personas. Los estereotipos tienden a trivializar la complejidad humana y las teorías, a idealizar los procesos y es necesario contextualizar y dar valor prioritario a la decisión co-

---

127 SANCHO GARGALLO, I: "El paradigma del buen juez", ed. Tirant lo Blanch, Valencia, 2022, p. 10.

mo estructura, como *possibility-deciding structure*. Lo que diré afecta también a cada uno de los miembros de un tribunal colegial.

Cuando un juez o jueza decide (u opina y "vota", dentro de la Sala) lo hace a partir de su concreta forma de captar la realidad (aprehensión), o desde su capacidad de acercamiento a las reglas de la lógica (análisis, in-tensión), o en función de su manera de acudir a los referentes normativos, a la memoria, a los valores o a la norma que cree que debe aplicar (comprensión) o, finalmente, según su forma de transformar las pulsiones, análisis y uso de los referentes normativos en la decisión concreta (ex-tensión), motivándola. Muy a menudo el juez o jueza o el magistrado o magistrada de Sala no es consciente de estos diferentes posibles abordajes, pero debería serlo porque no puede resolver de forma neutra (por mucho que se discipline en las reglas de valoración probatoria, de lógica, de interpretación jurídica, de motivación, de legalidad, de neutralidad). Existen pues diferencias en función del abordaje del caso desde los cuatro puntos de vista. Porque el juez o jueza no puede (ni debe) prescindir de su universo de vivencias, experiencias, creencias y opciones, de sus rasgos de personalidad, que no de sus sesgos y estereotipos.

Podríamos alcanzar cierto consenso sobre que algunas personas tienen especialmente desarrollada la sensibilidad y gozan de una gran facilidad para descubrir la realidad, la verdad. En nuestro caso, hay jueces que "necesitan" ver y oír a los litigantes y los testigos y peritos, "palpar" el conflicto, porque entienden que sin ello no podrán resolver con acierto.

Otros jueces o juezas, bien dotados de conocimientos y discernimiento, son más proclives al análisis, al uso de conceptos y categorías jurídicas y están especialmente dotados para hacerlos servir, en la búsqueda de una solución al conflicto.

En el vector opuesto de los jueces "sensibles", en el eje vertical del círculo decisional, algunos jueces abordan su trabajo desde la descripción de las categorías legales (los presupuestos fácticos de la norma, la interpretación normativa), con enorme y desarrollada precisión, dan valor a lo prescriptivo, se mueven en el mundo de los valores.

Otros, finalmente, en el vector horizontal se muestran mejor preparados para buscar las soluciones legales (y prácticas) desde su convicción sobre la percepción de lo ocurrido, de lo probado, con una intención aplicativa que solucione el conflicto y que fije la realidad.

Estas diversas pulsiones o abordajes pueden llegar a condicionar la decisión final y será bueno describirlas, conocerlas, para que cada juez o jueza las tenga en cuenta, sin dogmatizar sobre ello, como instrumento metodológico.

Es ésta una profesión multiforme, pluralista, vivimos en un campo judicial heterogéneo o complejo, lo que impide a priori una definición de un "modelo". La misma idea de "modelo" o "perfil" judicial es a menudo rechazada por las connotaciones ideológicas que arrastra (juez "conservador", "progresista"...), eludiendo el análisis de una realidad innegable (la diversidad) y, sobre todo, de algunos elementos que confluyen en la toma de decisiones (psicológicos) y del método para conocerlos y en su caso que puedan llevar a una decisión injusta, neutralizarlos.

Como dice POSNER "hay jueces que trabajan mejor con reglas, otros con principios", y yo añadiría, siguiendo los pasos del círculo decisional, que cada juez se acerca al caso desde una personalidad predominante desde cada una de las cuatro fases del proceso decisorio: emotiva o divergente, técnica o asimiladora, convergente o avezada, acomodante o práctica.

Estas tendencias, dinámicas, hacen salir al juez divergente de la mera captación, interiorización, valoración y utilidad de la prueba, divergir, alejarse del impacto de la realidad, de camino al análisis y la abstracción. Al juez asimilador le conduce desde el resultado del análisis a asemejar o comparar ese fruto con los frutos de los referentes normativos, parangonándolos. Al juez convergente, tras el cénit calificativo y en vía de regreso le dirige renovadamente a la realidad, a confluir y reencontrarla. Por fin, al juez acomodador, a llevar a la decisión a su lugar conveniente.

1. EL PERFIL DIVERGENTE

El primer perfil es el divergente, seas juez individual o el ponente o miembro de un tribunal. Hay personas especialmente aptas para acercarse a la solución desde las experiencias concretas, más arraigadas en los sentimientos que en los pensamientos, en los hechos que en las ideas. Divergen desde la experiencia:

FIGURA 17

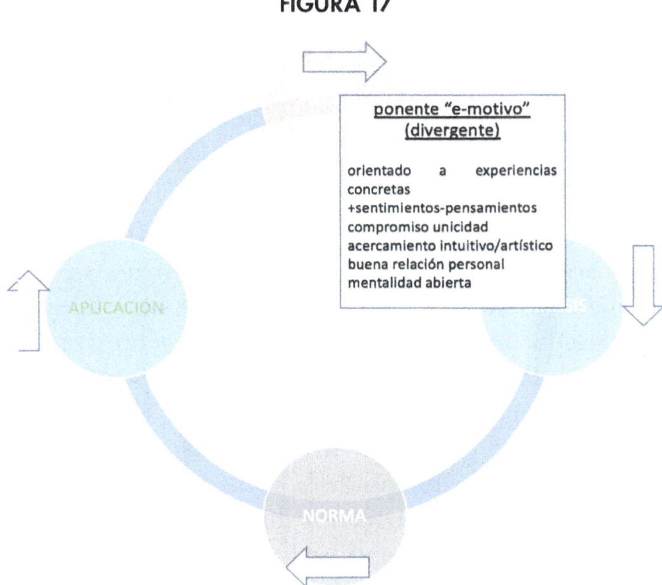

Un juez o jueza, o un magistrado o magistrada de Sala con estos rasgos de carácter, quizás "femeninos", se diría equivocadamente, está interesado por el juicio oral y por la inmediación en la práctica de las pruebas, pregunta, quiere escuchar a los afectados y partiendo de ese acercamiento busca construir la decisión. Suele estar comprometido con la fraternidad humana, ve a los semejantes en una unidad, tiende a sentirse cercano en las relaciones personales (con los operadores jurídicos, con las partes implicadas, etc.). Es *sensitive* y se acercará a la captación, al análisis, a los referentes normativos o a la argumentación aplicativa sin rechazar la intuición o el arte como canales de conocimiento y comunicación.

En la fase de pruebas, hará uso especialmente intenso de los sentidos, en el análisis partirá de un anclaje firme respecto a sus afirmaciones fácticas, cuando busque los referentes normativos, tendrá tendencia a tomar como base las normas que positivizan la protección de personas desfavorecidas y las que recojan valores, en la decisión, le pesará condenar al débil.

Si no me equivoco, en este perfil destaca la imaginación, la adaptabilidad, la emotividad. Se puede intentar "compensar" con una fuerte vinculación a los valores (el otro extremo del eje vertical) y probablemente sea la fortaleza (la capacidad moral para resistir o soportar sufrimientos o penalidades) el contrapeso que mejor pueda utilizar.

Los alumnos jóvenes que acceden a la Escuela Judicial, mayoritariamente carentes de experiencias, especialmente de experiencias decisionales judiciales, presentan en el primer trimestre una actitud de descubrimiento afín al estilo divergente. Esto sugiere que la actividad docente debe ir encaminada a explotar esta tendencia divergente en la planificación y éste debe ser el trimestre de la "sensibilidad". En este sentido, ni la formación en la licenciatura ni mucho menos la preparación de la oposición se orienta a alcanzar la "capacidad para reconocer los diferentes conflictos y tratar las situaciones difíciles con equilibrio y sensibilidad", si es que no produce cierto "embotamiento" de la sensibilidad, en palabras de los profesores de la Escuela Judicial, que conviene combatir. La escucha activa y la empatía tienen base actitudinal, que puede haberse ejercitado antes del ingreso en la Escuela Judicial, pero, aunque los estudiantes puedan presentar una mayor o menor predisposición por esta competencia, puede reforzarse, sin duda, mediante actividades formativas.

Una persona así identificada suele tener una visión abierta, holística, de los casos que debe juzgar, ejercita el autocontrol, tiene presentes sus experiencias previas.

Dice KOLB que personas como éstas tienden más a carreras como la psicología o el teatro o a estudios humanísticos, centrados en el cuidado (trabajadoras y trabajadores social, enfermeros y enfermeras). Se diría que el estereotipo judicial lo representa una jueza que se dedica a materias de infancia, familia y capacidad, inmigración, violencia doméstica o contra los niños, derechos de los trabajadores, que personas con este perfil pueden hacer buen trabajo en este campo. Pero un juez o jueza con esta sensibilidad es un gran hallazgo para especialidades judiciales supuestamente más técnicas, como el derecho mercantil, las cláusulas abusivas, o el contrato de inquilinato, especialmente cuando se acercan a los "casos difíciles". Afrontan bien la función judicial en asuntos con fuerte carga humanitaria. Incluso el legislador puede verse influido por tal talante en determinadas épocas.

No es tan fácil la comparación con el juez Hermes, de Ost, que entiende el derecho como algo necesariamente inacabado, en suspenso y siempre relanzado, con multiplicidad de actores jurídicos y de fuentes normativas, con un Estado asistencial cada vez más presente (también del juez-asistencial) y de una nueva dimensión de la intervención de los poderes privados, con multiplicación de los niveles de poder, un derecho "líquido", "reflectante", en un juego en el que tan importante como la decisión es el procedimiento, sobre todo "prudente" ante nuevas realidades que nos aporta la ciencia (como la maternidad por sustitución, etc.).

El interés de la opinión pública tiende a provocar la búsqueda, por parte de los medios de comunicación, de iconos judiciales, "buenos" o "malos" jueces, a veces según la orientación del medio público (amarilla, negra, roja, rosa, gris) o del sector social (la clientela) al que representa la editorial, la entronización de "jueces estrella", muchas veces de "consumo" rápido. En razón de una identificación ligera o del interés del asunto o asuntos que tratan se convierten en iconos mediáticos.

Calificar a esos profesionales como “simpáticos” o “antipáticos”, “profesionales” o “poco preparados”, también publicitados como juezas o jueces “humanos” (frente a “duros”), “sabios” (frente a “modernos”), etc. puede ayudar a entender los modelos de abordaje que vengo describiendo, pero puede suponer una aproximación a la tesis que desarrollo de un valor orientador ínfimo. Personalizar sería una concesión a la frivolidad cuando los sesgos, el carácter y la personalidad de cada jueza o juez son complejos y difíciles de definir.

2. EL PERFIL ASIMILADOR

Siguiendo la estela de KOLB, es posible identificar un segundo modelo, el de las personas más capaces para el aprendizaje (toda decisión judicial lo lleva implícito) a través del discernimiento, de esquemas racionales de asimilación o rechazo.

FIGURA 18

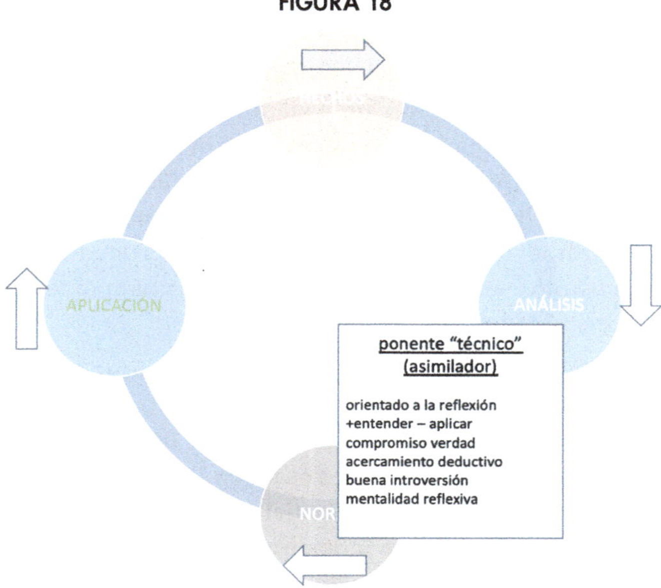

De forma "técnica", estas personas asimilan los datos y abordan los problemas de la captación, del propio análisis, del estudio de los referentes normativos o de la argumentación aplicativa a través de la reflexión, buscan "entender" (hacia adentro), diseccionar, ponderar.

De la prueba les interesa preferentemente su interpretación e interiorización, encontrar razones válidas para aceptarla o rechazarla, motivar "en serio" lo fáctico con base en la disección de los impactos, no dejar al arcano la "valoración conjunta de la prueba" o la "sana crítica", resolver el "porqué". Un juez de estas características pondera racionalmente, en el análisis, los pros y contras de cada argumento, maneja diversas estructuras de pensamiento, se centra más en la *ratio factum*. En el ámbito de la norma, presta atención a la tradición normativa, busca conocer el origen histórico y la *ratio legislatoris*, estudia y valora la jerarquía normativa, es proclive al uso de pocos referentes normativos y se centra en la depuración, durante la interpretación, en la cohonestación de fuentes y en el soporte normativo para los casos difíciles. Al decidir, se esfuerza especialmente en la motivación y la argumentación.

Un tal juez es *analíthic*. Un juez o jueza, magistrada o magistrado con estos rasgos de carácter es curioso e inquieto, busca la verdad. De mentalidad reflexiva utiliza más la inducción que la deducción, integra esquemas y clasifica opciones, se plantea nuevas posibilidades racionales, está vinculado siempre al razonamiento. Su contrapeso natural debe ser el sentido de justicia, entendido como la predisposición moral que inclina a obrar y juzgar respetando la verdad y dando a cada uno lo que le corresponde. Una persona así identificada tiende a buscar o crear nuevas categorías normativas a través del análisis. Compañeros con estas características se enfrentan mejor con macro procesos de todo tipo y con asuntos complejos que no presenten categorías jurídicas estables (nuevos modelos relacionales, transformaciones familiares, situaciones de anomia legal...).

KOLB dice que las personas que se acercan a esta forma de ser optan a menudo por carreras como matemáticas, sociología o derecho. El estereotipo lo encontraríamos en el juez penal enjuiciador (no tanto el instructor), que debe asimilar hechos en categorías jurídicas severas, pero magistrados de estas características que se integren en un tribunal de otro orden jurisdiccional (social, contencioso, familiar) son una gran aportación.

3. EL PERFIL CONVERGENTE

De las cuatro fases del proceso decisional, la tercera, la referida a los referentes normativos (de todo tipo) apunta a una tercera forma de aproximación a la toma de decisiones, la convergente.

FIGURA 19

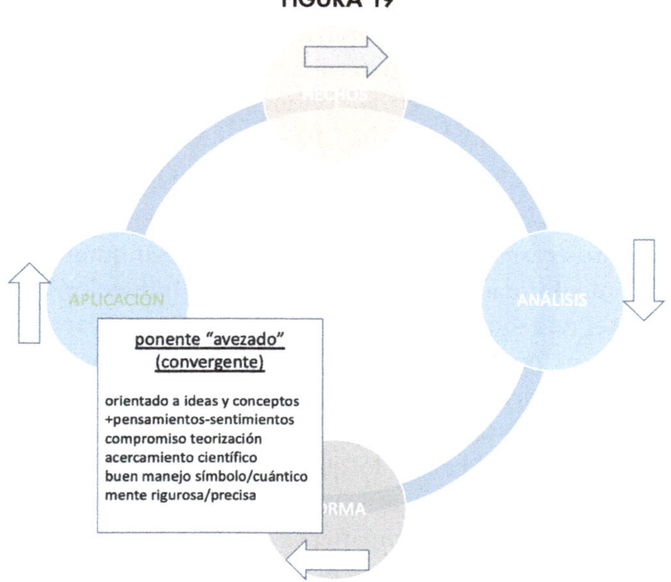

Hay juezas y jueces cuya personalidad está orientada a la abstracción de las ideas y los conceptos, que se encuentran más cómodos en el mundo de los pensamientos que en el de los sentimientos. Un carácter tal (que se diría masculino y quizás también "conservador", con ignorancia), es el de las personas "trabajadas", de "formación sólida", más cómodas con la deducción que con la inducción, y que reflejan un compromiso con la teorización, con la consolidación de categorías, una opción por el normativismo. Estas personas hacen buen uso del simbolismo, intentan resolver de forma rigurosa y precisa, son resolutivas, se encuentran más cómodas en la fase del debate jurídico que en la fase de análisis, a menudo asumen un rol ilustrativo o magistral. Su contrapunto debe ser la templanza, la virtud que induce a usar o hacer las cosas con moderación.

KOLB considera a las personas de este perfil propensas a carreras como las de ingeniería, arquitectura o agricultura. La sensatez o buen sentido supone la plasmación concreta de un bagaje de principios y valores en abstracto. Lo abstracto puede relacionarse con los principios constitucionales y con los valores, pero también es posible una identificación simple de los componentes de una decisión sensata: la credibilidad, la imparcialidad, la integridad, el trato igualitario y la competencia y diligencia, recogidos en las reglas de Bangalore. En este sentido, algunos valores pueden tener reflejo en las competencias, a través de las actitudes, y como cualidades predicables de la decisión.

Un tal juez o jueza es un gran *worker* y el estereotipo se situaría en un juez de patentes y marcas o en un juez casacional, defensor de la norma. También afrontará bien asuntos complejos como obras y responsabilidades, liquidaciones económicas y del régimen económico matrimonial, herencias, derecho urbanístico o tributario, en general casos que obliguen a aplicar categorías jurídicas complejas. No se mueven bien si las categorías jurídicas del caso no son estables y, por tanto, cuando deben afrontar "casos difíciles".

Una comparativa con las ideas de KOLB no hace difícil situar al juez Júpiter, como un ejemplo de juez técnico, en la descripción que hemos ido forjando, monista, con racionalidad deductiva y lineal y con función de controlar el futuro, cómodo en la fase de subsunción, lectura, interpretación, valores y aplicación.

Un juez con estos rasgos está atento, especialmente, en la fase probatoria, a las reglas de confrontación y valoración (reglas procesales y reglas legales de valoración probatoria). En la fase de análisis, esta jueza o juez tiene muy en cuenta su experiencia en casos anteriores y tiende a simplificar las alternativas de análisis. Cuando estudia los referentes normativos, más que en elegirlos o interpretarlos se preocupa por su validación, da el máximo valor a que la ley a aplicar sea validable social y éticamente (será para algunos, "prudente"). Por último, en la decisión se guiará por su virtualidad, por la mayor posibilidad de que la sentencia se cumpla y pueda transformar la realidad, dando a cada uno lo que es suyo.

4. EL PERFIL ACOMODANTE

Por último, intentando ser fiel al esquema de KOLB, debo identificar a personas que se acerquen a la toma de decisiones desde una perspectiva acomodante. Es la figura del juez práctico, que afronta todo el proceso decisional (prueba, análisis, estudio de los referentes normativos y decisión) desde la perspectiva de la solución final.

FIGURA 20

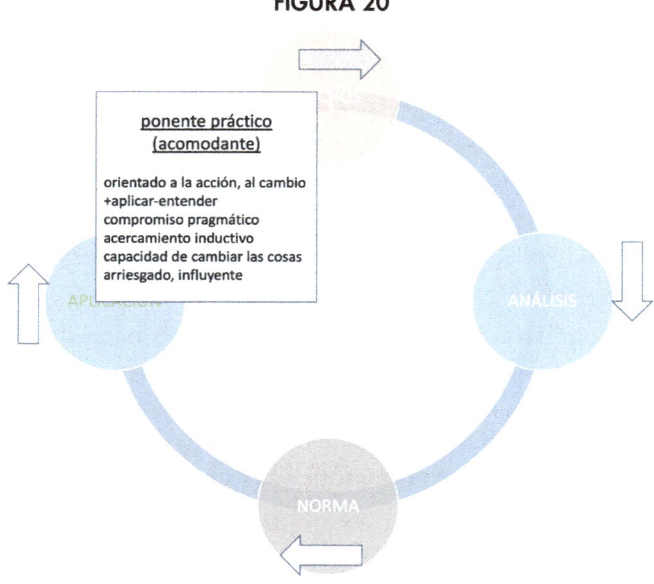

Orientado a la acción y al cambio una jueza o juez o magistrado o magistrada de Sala con tal carácter está más en el aplicar, en el "ex-tender" que en los procesos de análisis. Es *smart* o *clever*. Ve su función como un compromiso para cambiar la realidad (y será quizá calificado erróneamente como "progresista"). Aprecia el contexto de su decisión y los efectos que debe producir y a menudo considera la ejecución de sentencia la fase más importante del proceso. Defiende la resolución, toma riesgos, es influyente. Su acercamiento a los hechos es inductivo, busca cambiar las cosas, de mentalidad abierta, está comprometido, es pactista, adaptativo, ambicioso en el buen sentido. Seguramente se corresponde con lo que POSNER llama "jueces y juezas innovadores". Quizás deberá buscar el equilibrio en la virtud de la prudencia, ante los eventos o actividades derivados de su decisión debe sopesar los riesgos posibles que conlleva y adecuar o modificar la conducta ejecutiva para no producir perjuicios innecesarios o beneficios inadecuados.

KOLB incluye aquí como carreras más afines, las de Finanzas, Administración o Marketing, materias y asuntos con fuerte impacto mediático o social, conflictos colectivos, profundos cambios sociales.

Si seguimos a Ost, el juez Hércules reacciona ante la dureza del liberalismo económico, es un juez asistencial, sería nuestro juez "práctico" que sigue el cumplimiento de sus resoluciones. Para él el Derecho debe traducirse en el hecho, busca el resultado práctico. Es fácil entender que se encontrará más a gusto como acomodante, cuidará el texto de sus resoluciones (empatía, elementos valorativos emocionales, lectura fácil), argumentará ponderando valores más que interpretando normas, con consideración de los efectos de sus decisiones buscará la efectividad, la "justicia" final de lo que ha resuelto.

Es fundamental tomar conciencia de los propios rasgos caracterológicos por parte de cada juez o jueza, de cada miembro de órgano colegiado, para revitalizar y reorientar el método de decisión. Ser consciente de que la aproximación es empática, por ejemplo, obliga a no olvidar los otros métodos de abordaje. Y así sucesivamente, cada uno de los modelos constituye un punto de partida, no de llegada.

Cabe destacar que, según las etapas de la vida profesional, generalmente cobra mayor importancia uno u otro abordaje, siempre en un sentido de progreso. Un juez novel o un magistrado nuevo en la Sala (en esto menos, por su edad y experiencia acumulada, pero más por su falta de experiencia de la colegialidad), según mi experiencia personal, está más situado en la supuesta seguridad de los referentes normativos, especialmente de la ley positiva o en los "criterios de Sala", cuando menos interpretables, mejor. Su falta de experiencia y bagaje vital le hace depender de este anclaje. Por eso es tan importante que la Escuela Judicial compense estas carencias, que haya un cuarto turno de acceso a Carrera, que exista la propia institución del jurado. En este campo, el objetivo es conocerse bien y acercarse a la realidad centrándonos en las personas. Si hacemos caso a la sabiduría popular, diría, como ya recogí en otro lugar, que "a buen juez, mejor testigo", porque el abordaje tendrá muy en cuenta a las personas que participan en el juicio cuando se tiene un bagaje vital.

En el otro extremo, un juez o magistrado con años de vuelo está preparado de forma óptima para la asimilación y valoración de los hechos y tiende a enmarcar la norma positiva en otra serie de referentes normativos (la jurisprudencia, los valores, los derechos fundamentales, la ética) y en explorar nuevos métodos interpretativos. Quizá por eso la sabiduría popular advierte que "Dios te libre de juez de entrada", porque el novel no está tan preparado para analizar en profundidad o para entender los procesos de interpretación o el complejo campo normativo. Aunque puede llevar a traicionar la realidad de los hechos, a través del control supuestamente "lógico" de los impactos sensitivos y emocionales o a priorizar sistemas de interpretación, como el de la *analogia iuris* o la técnica de ponderación de principios (*balancing*), alejados de los tradicionales y que generan inseguridad jurídica.

Un juez o jueza o miembro de tribunal puede abordar la toma de decisiones centrado en los procesos analíticos y lógico-deductivos, partiendo de la realidad de los hechos y de los referentes normativos. Es el juez maduro, con décadas de experiencia. Evita el peligro de la relativización de los hechos y del derecho y este abordaje tiene grandes virtudes: precede a una buena motivación y argumentación jurídica, desgrana los hechos, favorece la subsunción o la descarta, en tanto encara los hechos al presupuesto normativo correspondiente. Normalmente este abordaje lo asimilo a las etapas avanzadas de ejercicio profesional, cuando más a fondo exploras tus capacidades intelectuales. En cualquier caso, este abordaje debe acabar en un resultado práctico, en una decisión operativa ("obras son amores y no buenas razones"). El juez veterano, por el contrario, es menos elástico, menos proclive al cambio y a veces adopta posturas defensivas (como cuando esgrime el "criterio de Sala" para no analizar nuevas propuestas de los magistrados recién incorporados).

En el extremo opuesto, un abordaje prevalentemente ejecutivo y práctico es del de la juez, jueza, magistrado o magistrada guiado por la convicción y el sentimiento de "hacer justicia". Si no es el impulso inicial del novel y perdura a lo largo de toda la carrera, esta visión madura y sublima. La valoración, motivación y argumentación jurídica van destinadas a justificar la decisión y a cambiar la realidad (condenando o absolviendo). El profesional que busca la solución al problema planteado, pone las tres etapas anteriores a su servicio. Por eso la decisión debe venir acompañada de una redacción esmerada de la sentencia: "la palabra todo lo arregla", en sentido positivo, todo lo cura, dicho de connotaciones bíblicas, pues la finalidad del proceso decisorio jurisdiccional, como el del uso de la Palabra, es "curar".

En suma, estas tendencias, dinámicas, hacen salir al juez de impulso divergente (que no se puede quedar quieto en la contemplación de la realidad), de la mera captación, interiorización, valoración y utilidad de la prueba y le llevan hacia el camino del análisis y la abstracción, viene obligado de suyo a divergir, a alejarse del impacto del hecho. Al juez asimilador le conduce desde el resultado del análisis (la orientación en razón del material probatorio depurado) a asemejar o comparar ese fruto con los referentes normativos, a parangonar o asimilar. Al juez convergente, tras el cénit calificativo y en vía de regreso a la realidad, el perfil le dirige a confluir y reencontrarla justificadamente, con buenas razones. Por fin, el juez acomodador, coloca o sitúa la decisión en el lugar adecuado, virtuoso, en el lugar conveniente para hacer justicia.

Considero que la mejor forma de resolución de los casos judiciales es la colegial, porque permite contrastar estas diversas formas de hacer y las diversas aproximaciones al método. No será difícil que existan variedad de modelos de jueces y métodos. Cuanto más variada sea la composición del tribunal, más trabajo, pero también mejor resultado. Y si pienso en el juez solo, tener presentes estos pasos y estos modelos garantizará un proceso equilibrado en la toma de decisiones. Esto es importante: conócete a ti mismo y valora otros posibles abordajes del caso, analiza las cuatro etapas del círculo decisional y los abordajes alternativos al tuyo propio.

En dos anexos que siguen intentaré una aplicación de lo que he expuesto en los capítulos anteriores, en cuanto definen el proceso de toma de decisiones de los jueces, al fenómeno del recurso extraordinario de casación y a la decisión ética, al examen de razonabilidad ético-judicial de una decisión a adoptar (a partir del ejemplo de si un juez o jueza debe o no asistir a una manifestación).

Anexo I

Reflexiones sobre la competencia decisoria en casación: Justicia es agravio cuando no la aplica el sabio

La toma de decisiones del tribunal de casación, en tanto responde a un recurso extraordinario que impide, en principio, la valoración de la prueba, presenta especiales características, por su finalidad nomofiláctica, de protección de la norma. No obstante, ello no implica la elusión absoluta de una toma de decisiones circular, al contrario, el proceso decisorio sigue el mismo camino.

El Tribunal Supremo o el Tribunal Superior de Justicia reproducen el círculo decisional que hemos ido exponiendo, en tanto pasan por las mismas fases de aprehensión, análisis, uso de referentes normativos y decisión, aunque estas fases estén interferidas por una finalidad distinta, que no es apreciar las pruebas, analizar los hechos, aplicar el derecho y decidir, sino, fundamentalmente, fijar doctrina jurisprudencial (y en su virtud, eventualmente, casar la sentencia).

Para ello, la aprehensión se centra en la consideración y entendimiento del motivo casacional en relación con el resultado de las actuaciones, especialmente la sentencia recurrida, el análisis supone la fijación de los ejes de construcción de la respuesta de casación, la consideración de los referentes normativos guarda relación con la reiteración o la construcción nueva de la doctrina casacional y la decisión, supone el rechazo o el establecimiento de un nuevo enunciado doctrinal, que puede arrastrar, si no ha sido respetado por la sentencia de instancia, el dictado de una nueva sentencia, en forma de inserción de una nueva decisión en la propia sentencia de casación.

El reciente Real Decreto-ley 5/2023, de 28 de junio no afecta en lo sustancial a nuestro estudio, al contrario, confirma la consideración de la "doctrina jurisprudencial" como referente normativo y su creación como función de la casación, apoya que veamos los "precedentes" del tribunal casacional (los casos similares resueltos previamente) sólo como un bagaje ajeno, dentro de la depuración en la interpretación de los referentes normativos (no como en el mundo anglosajón) y visibiliza la prohibición de la casación por error en la fijación de hechos o la valoración de la prueba (art. 477.5 LEC), todo lo cual pone en valor la tesis del "círculo decisional".

A los efectos de aplicar lo hasta ahora dicho, presento primero un análisis de las relaciones entre el tribunal de instancia y el de casación (sus respectivas funciones y sus interrelaciones), con aportaciones históricas. Tras ello aplicaremos las fases del ciclo decisional al contexto casacional y deduciremos las consecuencias.

1. LA FUNCIÓN DE INSTANCIA

La función de instancia siempre ha sido similar, la que ha evolucionado de forma más compleja es la función casacional. Las Audiencias Provinciales, como órganos de apelación tienen la función de tomar decisiones conforme a hecho y derecho (al igual que el juez individual), revisando las sentencias de los órganos de primera instancia. Desde la perspectiva de este trabajo, producen el objeto casacional (y eventualmente casacionable). Están sometidas a ciertas limitaciones (la exigencia de interés y gravamen, la prohibición de la *reformatio in peius*, la sujeción al t*antum apelatum quantum devolutum*, etc.), pero, en el fondo, dictan sentencia con plenitud, dictan sentencia según hechos y derecho.

Por eso enfocaré la ponencia desde la perspectiva de la sentencia del tribunal de apelación como resultado del proceso de toma de la decisión y nuevamente, vamos a ver que la función de instancia no se puede construir totalmente ajena a la idea de "prudencia" y del "arte de juzgar", con connotaciones respecto a la epistemología, pero cuando un tribunal colegiado resuelve lo que hace fundamentalmente es poner de acuerdo a tres jueces con abordajes distintos del caso, mediante un proceso circular que incluye los cuatro pasos que ya hemos descrito.

Desde el punto de vista subjetivo, se habla mucho del "oficio de sentenciar", entendido como arte, con connotaciones artesanales. En este sentido, SANCHO[128], lo hemos visto, acoge la expresión "judgecraft", un neologismo al que atribuye el significado de oficio, de arte y en términos más imprecisos, dice que significa ser buen juez. Según este pensamiento, la Audiencia Provincial, como tribunal colegiado, ejercería un arte.

Hablar de arte y de judgecraft pone en juego una serie de fuerzas muy potentes, que habría que dimensionar.

No se encuentran referencias en España y no es fácil encontrar referentes en el extranjero a esta expresión. En una cita inglesa para funcionarios judiciales[129] se dice que "judgecraft" es el arte de juzgar y engloba todo lo que no se encuentra en un libro sobre derecho, pruebas o procedimiento. Así, el "judgecraft" trata sobre cómo hacemos el trabajo los jueces y juezas y el buen trato y la igualdad se sitúan, justificadamente, en el centro de la función.

El apartado J del Preámbulo de la Resolución del Parlamento Europeo, de 14 de marzo de 2012, sobre la formación judicial (2012/2575(RSP) describe el "judgekraft" como la formación del juez o juez en habilidades[130]. Por tanto, no cabe duda de que el término viene referido a destrezas y habilidades propias de la profesión de juez, ámbito subjetivo que no se trata en la Filosofía del Derecho, ni se refiere a la interpretación y aplicación del derecho,

---

128 SANCHO GARGALLO, I.: "Judge craft: el oficio o arte de juzgar", InDret, abril 2020, p. 446. També, la monografía "El paradigma del buen juez", ed. Tirant lo Blanch, Valencia, 2022.

129 Site web: Courts and Tribunals Judiciary, https://www.judiciary.uk, Equal Treatment Bench Book, November 2013.

130 Dice: "[c]onsiderando que los estudios judiciales no se pueden limitar al derecho material y procesal y que los jueces necesitan una formación relacionada con su ámbito judicial y con la adquisición de aptitudes específicas (en la versión inglesa, judgekraft, entrecomillado)".

ni al estudio de las decisiones judiciales. Aunque ajenos al derecho sustantivo y procesal, estamos en contexto de "formación judicial" en destrezas y habilidades.

Diría SIERRA[131] que la tensión está entre juzgar como un oficio de élite, con una estética propia, y la peculiar burocracia ritualista que caracteriza tantos casos.

Tal y como indica MOORHEAD[132], citando a Kritzer, "judgecraft" es una expresión brillante en busca de algún significado, pero también una apuesta por una búsqueda más seria sobre los jueces, tradicionalmente centrada en los juicios escritos, en "referencia a la palabra escrita, descontextualizándola del espacio geográfico y social en el que se produce". En la sentencia "cuestiones ajenas a la ley, pero de importancia interna para las partes, se han divorciado, al menos en parte, de cada una [de ellas]". El dominio de la ley autoconstruiría la disputa marginando las partes de este proceso.

KRITZER[133] concluye que un oficio implica un conjunto de elementos que, cuando se toman en bloque, pueden proporcionar un marco no sólo para describir cómo los profesionales realizan su trabajo, sino que también pueden ofrecer información sobre cómo pueden hacerlo mejor. Esto implicaría formación, entrenamiento, así como introspección y extraversión.

No tengo duda de que la sentencia sujeta a casación integra los aspectos referidos al llamado "judgecraft", pero este enfoque subjetivo, centrado en el buen juez, no es suficiente. No hay duda de que KRITZER ha proporcionado una forma inspiradora de pensar sobre la función de sentenciar. Y no nos alejamos de este trabajo cuan-

---

131 SIERRA SOROCKINAS, D.: "El precedente: un concepto. Precedent: A Concept", Revista Derecho del Estado nº 36, enero-junio del 2016, pp. 249-269.

132 MOORHEAD, R.: "Judgecraft: an Introduction", Social & Legal Studies Volume 16, Issue 3: Special issue: Judgecraft, Cardiff University, UK, Dave Cowan Bristol University, UK, September, 2007, p. 315.

133 KRITZER, H. M." "Toward a theorization of craft", Social & Legal Studies Volume 16, Issue 3: Special issue: Judgecraft, Cardiff University, UK, Dave Cowan Bristol University, UK, September, 2007, p. 337.

do, haciendo referencia a un tránsito interiorizado y exteriorizado, MOORHEAD habla de producción, función y evaluación, cuando describe la producción [judicial] principalmente con base en tres factores internos: habilidades y técnicas, resolución de problemas y estética. O cuando, citando a Tata, concibe la decisión judicial como un trabajo artesanal[134] de elección y orden, rutina implícita y principio normativo explícito, análisis e intuición, individualización y consistencia, racionalidad y emoción, mente y cuerpo.

Durante mucho tiempo se ha pretendido construir la toma judicial de decisiones como un ejercicio puramente lógico y racional. Pero de forma progresiva se ha ido admitiendo que este proceso es mucho más complejo, buscando otros referentes (sociológicos, psicológicos). Dice LUNA[135] que en la decisión judicial sostenida por la lógica y el sentido común juegan un cometido importantísimo los aspectos psicológicos propios de la particular personalidad —de la psique— del juzgador, como son su bagaje cultural, su educación, su clase social, su ideología o su actitud y sensibilidad frente a las tensiones que se producen en la vida social, también su perspicacia —entre otros alcances, para apreciar indicios significativos— e incluso su imaginación. Y añade que la argumentación judicial, más que proceder al establecimiento de unas premisas para llegar a una deducción —según la conocida regla denominada del *modus ponent ponens*—, se desarrolla una conclusión para la que se buscan después unas premisas de justificación. En un tribunal colegiado hay que matizar esta visión, en tanto confluyen diversos miembros y diversos abordajes en la decisión.

En el mundo de la norma, de los enunciados normativos, aparte del derecho positivo juegan otros elementos, algunos específicos de cada juez o jueza, como son su personalidad (sus rasgos del carácter

134 Para MOORHEAD, la distinción entre artesanía y arte gira principalmente en torno a la dimensión externa del segundo.

135 LUNA SERRRANO, A.: "Aspectos psicológicos de la reflexión judicial. Psychological aspects of judicial reflection", Actualidad Jurídica Iberoamericana Nº 16 bis, junio 2022, p. 344.

y sus sesgos), así como sus experiencias previas, vitales y profesionales, y otros enunciados más objetivables, como las conjeturas, las presuposiciones, las presunciones o las máximas de experiencia. En el punto de partida para el estudio de un caso nuevo existe un bagaje, una pre-comprensión previa de hechos, conflictos y soluciones que no tiene por qué ser negativo para resolver.

La "pre-compresión" la sitúa LUNA[136], en una visión muy limitada, en el ámbito de la adscripción o dependencia ideológica del juez, "su inclinación más o menos conservadora o progresista en cuanto al entendimiento de la actividad declarativa o creativa de la jurisprudencia", en tanto el juez no podría desprenderse de su propia personalidad, aunque el propio LUNA apunta la solución: la apreciación judicial de las concepciones ético-sociales debe ser coherente con el criterio jurídico representativo de lo que en la sociedad se siente como ideal. El intérprete no debe dejarse guiar por la pre-comprensión, sino que debe tematizarla en estrecha adherencia a los hechos y en consecuencia con el texto, y por esta vía "situarse fuera del prejuicio".

En cualquier caso, los elementos subjetivos, psicológicos, "artesanales", si se quiere decir así, reflejan una aproximación personal a la decisión similar a la que vivimos en los procesos de aprendizaje, de modo que junto al eje exterior (el que va de los hechos a la norma) actúa, de forma fundamental, el eje interior, horizontal (el que va del análisis a la decisión).

Dice VIGO[137] que junto al razonamiento jurídico práctico (que yo sitúo en el eje horizontal, lo que va del análisis a la argumentación aplicativa, de la in-tensión a la ex-tensión), existen "elementos paralógicos o retóricos, elementos extralógicos donde están dogmáticamente impuestas para el jurista presunciones, ficciones, etc." Para mí, las exigencias lógico-formales pertenecen al eje horizontal

---

136 LUNA, *ibídem,* p. 350.

137 VIGO. R.: "La interpretación (argumentación) jurídica en el Estado de Derecho Constitucional", Tirant lo Blanch, México, 2017, p. 51.

del círculo decisional y los elementos psicológicos están presentes en las cuatro fases de la decisión, pero no la dominan.

Los jueces piensan a menudo que sus decisiones no están siendo influidas por consideraciones políticas o ideológicas. Pero un observador neutral detecta todo lo contrario, lo que es síntoma de prejuicio del juez, que debe combatir. Mi experiencia me demuestra que existen correctivos, si se hace una correcta aplicación del método de toma de decisiones. Cuando he querido partir de una supuesta conclusión (quizá influido por una determinada consideración ideológica) y ninguna norma jurídica la ha apoyado, en un ejercicio serio y honesto de análisis, he podido rectificar, de forma que la norma, ante cualquiera solución voluntarista, psicológica o para-lógica ha actuado como tope.

Volviendo sobre esta idea, para exponer el sentido y alcance del "círculo decisional", como un proceso más complejo, también como base de la sentencia recurrible en casación, no hay duda que siendo tres los jueces que resuelven la sentencia casacionable, muchos de estos riesgos se resuelven: si hay jueces o juezas convergentes, asimiladores, acomodantes y divergentes, la decisión se equilibra, cada uno de los enfoques completa y enriquece los de los demás.

Se podría decir que eso no es muy distinto a la epistemología jurídica, la disciplina que estudia, desde un punto filosófico jurídico, los asuntos relacionados con el conocimiento humano, su naturaleza, condiciones, origen y límites, científicamente, diferenciándolo de las creencias, buscando la relación que existe entre el conocimiento y la percepción, la razón, la memoria y el testimonio, la forma en que el conocimiento se estructura mediante creencias justificadas y la posibilidad del conocimiento y otros problemas derivados del escepticismo filosófico u ontológico.

La Sala de la Audiencia Provincial sería así un epistemólogo de "ir por casa" que intenta fijar científicamente el conocimiento para resolver el caso, huyendo de las creencias, trabajando la percepción de los hechos (1), la razón en el análisis (2) y la memoria, como referente normativo (3), en lo que he defendido como las tres primeras fases del proceso decisional. Mi propuesta, de una epistemología más "de ir por casa", intercala entre los hechos y la "memoria" los procesos dinámicos de in-tensión (hacia dentro) y, sobre todo y novedosamente, de ex- tensión (hacia fuera) que la Sala llevó a cabo para decidir, para sentenciar.

2. LA FUNCIÓN CASACIONAL

Parto de la consideración de que el mecanismo propio de control de los hechos es el recurso de apelación y que el mecanismo existente para el control de la correcta aplicación del derecho es el recurso casacional. Corresponde también a la Audiencia Provincial juzgar los errores de Derecho de las sentencias de primera instancia y puede llevar a cabo funciones de interpretación, pero no es su función genuina la nomofilaxis. Y de forma más o menos velada puede corresponder al tribunal de casación el control fáctico, pero no debería constituirse de forma crasa en una "tercera instancia".

El recurso extraordinario ha evolucionado de forma más compleja que el de apelación. Respecto a su origen, la concreción de la función casacional ha ido variando y lo hará más después del Real Decreto-ley 5/2023, de 28 de junio[138]. Y entiendo que aún debería hacerlo más, si se tiene en cuenta la naturaleza y alcance del círculo decisional tal y como he intentado describir, de forma que el tribunal casacional se centre sólo en los aspectos normativos.

En su origen, con la casación se trataba de defender la Ley como valor fundamental de la sociedad, al considerarla la expresión de la

---

138 Denominado "Real Decreto-ley 5/2023, de 28 de junio, por el que se adoptan y prorrogan determinadas medidas de respuesta a las consecuencias económicas y sociales de la Guerra de Ucrania, de apoyo a la reconstrucción de la isla de La Palma y a otras situaciones de vulnerabilidad; de transposición de Directivas de la Unión Europea en materia de modificaciones estructurales de sociedades mercantiles y conciliación de la vida familiar y la vida profesional de los progenitores y los cuidadores; y de ejecución y cumplimiento del Derecho de la Unión Europea" y cuyo apartado 7 reforma la LEC.

voluntad general, y ocupar, por tanto, el máximo rango[139]. En la revolución francesa, el precedente histórico más inmediato, dada la división del Estado en tres poderes diferentes, si al Directorio correspondía gobernar (luego al Consulado, después a Napoleón), a la Asamblea le incumbía legislar y al Poder Judicial le correspondía aplicar estas normas sin desvirtuarlas, por lo que cualquier sentencia que contradijera la Ley no era válida, en virtud del principio de plenitud de la codificación. Todo en el marco de la conocida afirmación de Montesquieu de que el juez no es más que la boca por la que se aplican las palabras de la ley. Maximilien de Robespierre acuñó la famosa frase de que "la palabra "jurisprudencia" debe borrarse de nuestra lengua" y añadía que "en un Estado que tiene una constitución, una legislación, la jurisprudencia de los tribunales no es otra cosa que la ley."

El Decreto de la Asamblea constituyente francesa de 27 de noviembre de 1790 se considera la primera regulación del recurso de casación. El Tribunal de Casación no pertenecía a la Asamblea ni al poder judicial, se creó al margen de los tres poderes, en sentido similar (salvando las distancias) a cómo modernamente, en el siglo XX, se crean sucesivamente los Tribunales Constitucionales[140]. Es-

---

139 Los revolucionarios franceses, de la mano de varios pensadores y filósofos, entendieron la arbitrariedad como propia del régimen político absolutista, en el que la ley era *quod placet princeps*, e impusieron la concepción de que el principio de legalidad, emanado de la voluntad democrática, era la clave del nuevo sistema político. Locke, Montesquieu, Rousseau o Bentham subrayaban la importancia de la ley como expresión de la soberanía popular y la necesidad de su aplicación e interpretación de acuerdo con su auténtico significado. En consecuencia, la defensa de la legalidad configura un régimen en el que se asegura la libertad, la igualdad y los derechos fundamentales asociados a la misma. Fuente: página web Ministère de la Justice http://www.justice.gouv.fr/histoire-et-patrimoine.

140 El caso Marbury versus Madison (1803), del Tribunal Supremo de Estados Unidos, se cita como primer referente del principio de supremacía constitucional. La recepción en Europa llega de la mano de Hans Kelsen (1881-1973) quien en Europa sienta las bases teóricas que fomentarán la creación de los Tribunales Constitucionales y un sistema de revisión constitucional (CERVANTES, L.: "Los tribunales constitucionales en el derecho comparado. Un

te Tribunal de Casación tenía carácter político y simplemente se dedicaba a una función negativa, anular las sentencias que contravinieran el ordenamiento jurídico. La casación surge con una función nomofiláctica y este tribunal no resolvía el fondo del asunto, sino que esto lo hacía el tribunal de instancia, al que se le reenviaban las actuaciones.

En la inicial redacción de la LEC de 1881, las causas del recurso de casación eran la infracción de ley o de doctrina legal en la parte dispositiva de la sentencia (no en el resto de la decisión) y la rotura ("quebrantamiento") de alguna de las formas esenciales del juicio y los motivos eran la violación, la interpretación errónea o la aplicación indebida de las Leyes o de la doctrina legal "aplicables al caso", la incongruencia (divergente, omisiva o ultra pequeña), la decisión con pronunciamientos contradictorios, la infracción de lo juzgado, el abuso, exceso o defecto de jurisdicción y el error de Derecho en la apreciación de las pruebas, o de hecho (sólo respecto a la prueba documental y por equivocación evidente).

AGNELLI, FUENTES Y CASTELLANOS[141], cuando hablan de la casación, atienden a un "enfoque subjetivo" al defender que es necesario y fundamental que los tribunales cuenten con jueces muy formados y capacitados, cuya función sea la de analizar, buscar y crear de forma objetiva y crítica las mejores fórmulas de interpretación y aplicación de la Ley para impartir una verdadera y eficaz administración de justicia. De los jueces [de casación] se esperan decisiones correctas, fundadas, objetivas e imparciales.

---

estudio introductorio sobre sus antecedentes y situación jurídica actual". Serie: Estudios Básicos de Derechos Humanos Tomo VI, Instituto Interamericano de Derechos Humanos, 1996, p. 357).

141 AGNELLI FAGGIOLIA, A., FUENTES ÁGUILA, M. R. y CASTELLANOS FUENTES, P. E.: "La función nomofiláctica como mecanismo de unificación en la interpretación del derecho", Revista CES Derecho, Vol. 10, n°. 2, Universidad Metropolitana de Ecuador, 2019, p. 591-604.

El recurso de casación ha tenido, históricamente y como su etimología demuestra[142], la función de controlar la adecuación de las decisiones judiciales desde una perspectiva sistémica del ordenamiento jurídico e invalidarlas en caso de inadecuación[143]. Tuvo en otros tiempos la función de imponer un estatuto legal territorialmente[144] y no deja de ser un mecanismo de uniformización del Estado y, hoy en día, de la Comunidad Autónoma.

La protección de la norma jurídica se llevar a cabo a través de "la interpretación uniforme de la ley desde la casación. Es decir, el tribunal casacional tiene la vocación de defender el principio de legalidad, de forma que se impidan interpretaciones ajenas al sentido que le quiso dar la sociedad, a través del legislador. Sus finalidades clásicas son: la defensa del derecho objetivo y la unificación de la jurisprudencia, mediante la cual se consigue la correcta aplicación del derecho, se asegura la no vulneración de los principios de seguridad jurídica, igualdad, certeza, previsibilidad jurídica y judicial y se tiende a proteger la presencia válida de la norma de derecho

142 Del verbo francés "casser", significa romper en pedazos, dividir (algo rígido) de manera repentina, triturar, aplastar. Sin duda y en sentido jurídico, corregir una decisión judicial, anularla, romperla, en cuanto existe causa para hacerlo.

143 No existen antecedentes de derecho romano preclásico. En el período clásico, un juez conocía de la prueba de los hechos y el praetor establecía el derecho y éste podía atender a petición de los defensores de la República un recurso de carácter extraordinario para rescindir sentencias lícitas (la "restitutio in integrum") si se consideraba que en algo había resultado perjudicado el derecho de la República (fuera por incurrir en error respecto de las normas de derecho objetivo, por infracción del *ius litigatoris*, o por errores en cuanto a la existencia del derecho subjetivo de las partes litigantes). No era necesario violar una ley de interés general. Ninguno de los institutos que fueron surgiendo tanto en el derecho romano como en el germánico, y finalmente en virtud de la unión de ambos, en lo que fue el derecho intermedio contenía los elementos necesarios para poder calificarlos como antecedentes directos del moderno recurso de casación.

144 Los Estados italianos utilizaron este mecanismo para imponer sus estatutos locales por encima del *ius commune*. En Francia se utilizó como mecanismo para uniformar el Derecho a partir de la ley territorial, llegando a ser característico de su ordenamiento jurídico.

objetivo[145]". Para ABRIL CAMPOY la tarea del Tribunal Superior de Justicia de Cataluña sigue siendo nomofiláctica, abogando por la uniformidad del derecho catalán.

En determinado momento, empezaron a tener gran importancia los principios de eficacia y de participación, como esenciales en una administración de justicia concebida como servicio público y se fue imponiendo en los estados de derecho continental el paradigma constitucional de incorporación de principios y valores de carácter ético en el plano jurídico, entre los cuales figura la seguridad jurídica. En este cambio, el derecho a la tutela judicial efectiva no se concibe ya como el derecho a obtener necesariamente una resolución acertada de los tribunales, sino simplemente como el derecho a obtener una respuesta razonablemente motivada en Derecho. De ello se deriva que la doble instancia es suficiente para dar, en la mayoría de los casos, una respuesta razonable al ciudadano.

La evolución histórica pose de manifiesto que primero se excluían las cuestiones de hecho, las relativas a la interpretación de los contratos, a los actos jurídicos, a la fijación de las cuantías de indemnización y a la moderación de las cláusulas penales. Más adelante, se impuso una fase formalista, el formalismo en la fase de admisión, consistente en el hecho que las Cortes de casación empezaron a apreciar con extremo rigor los requisitos de interposición del recurso, alardeando de lo que se denomina el cumplimiento de la técnica casacional, reservada solo a unos cuántos conocedores. En un tercer momento, es el contexto fáctico el que marca la actividad del Tribunal. Pero poco a poco se acaba considerando que el juicio sobre la *qüestio facti* no puede ser nunca de 'puro hecho' al estar estructurado por referencia a coordinadas jurídicas.

De este modo, los límites entre el control de los hechos (propio del recurso de apelación) y el control de la correcta aplicación

---

145 ABRIL CAMPOY, J. M.: "El recurs de cassació a Catalunya: La Llei 4/2012, de 5 de març i els seus criteris d'aplicació", InDret, revista para el www. Indret. com, 4.2017. Análisis del Derecho.

del derecho (propio del recurso de casación) se fue desdibujando y la propia función de la casación sufrió crisis sucesivas. La defensa de la norma se ha ido diluyendo progresivamente en función de la introducción, como motivo casacional, del "error manifiesto en la apreciación de la prueba", después, acercando hechos y derecho en razón del carácter normado de las reglas de apreciación probatoria y, finalmente, con el análisis, más o menos velado, de los presupuestos de hecho de la regla jurídica y su contraste con los hechos apreciados por el tribunal de instancia, con el fin de deducir su carencia de adecuación y, sin reenvío, abriendo al tribunal de casación a la más absoluta libertad para valorar de nuevo y recalificar nuevamente los hechos.

Los mecanismos de fuga han sido varios, desde el error patente en la apreciación o valoración de la prueba, hasta la consideración del encaje o no de los hechos en el presupuesto básico de la norma cuya infracción casacional se invoca. Como un "mantra", hemos leído y oído constantemente que la valoración de la prueba es una cuestión que pertenece, en principio, a los tribunales de instancia, principio que se ha predicado formalmente como vinculante para el tribunal de casación, negando que pueda actuar como una "tercera instancia"[146]. Y a pesar de ello ha persistido la carencia de definición de las fronteras. Por otro lado, va en aumento la aplicación del método de equilibrio de intereses y el de ponderación (y el principio de proporcionalidad que lo acompaña), en detrimento de la hermenéutica, del análisis de los textos propiamente dichos, especialmente por la razón de que estos textos, a menudo de entronque constitucional, son tan ambiguos que remiten al juez a que tome en consideración directamente los valores e intereses involucrados en el caso. Las técnicas de ponderación de valores y derechos cada vez se utilizan más. Y además a veces, la doctrina sobre "error patente

---

146 Por el contrario, en muchas Audiencias Provinciales se ha entendido mal la función del tribunal de apelación, aplicando la tesis de que la "valoración de la prueba es competencia del juez de primera instancia" cuando dichas Audiencias tienen plena competencia para valorar de nuevo todas las pruebas.

en la valoración de la prueba" puede llegar a desdibujar los límites de la función casacional, lo que ha aproximado cada vez más la casación, sino a una tercera instancia, sí a un sistema de creación de precedentes (en el sentido casuístico), cuantitativamente más que de creación de "norma jurisprudencial".

Para XIOL[147], la LEC había prescindido radicalmente de la enumeración tradicional de los motivos de casación, lo que supone la muerte de la casación, que no se explica sin tener en cuenta la evolución de las concepciones sobre la jurisprudencia, que es el producto por antonomasia de la casación. Constata el gran cambio que ha supuesto la transformación del recurso de casación.

De la combinación de estos elementos se concluye que el recurso de casación anterior al actual dejaba de ser el procedimiento definitorio del Tribunal Supremo y de los Tribunales Superiores de Justicia con competencia casacional y que la función de fijar jurisprudencia en la interpretación de la ley era la que realmente le correspondía. Para XIOL la casación "se concibe así, como un recurso con una finalidad de mantenimiento del equilibrio del sistema jurídico, de consecución de la moralidad interna del derecho, de consecución, de realización efectiva, de los principios constitucionales de igualdad, seguridad y protección eficaz de los derechos de los ciudadanos".

No es la casación, como apunta XIOL, un tercer examen reiterativo de los procesos para evitar errores, ni un recurso universal que puede operar como moratoria para el pago de una deuda, ni un instrumento para alargar indefinidamente un pleito. No es tampoco un medio de atribuir la solución del conflicto a jueces mejores (son excelentes jueces profesionales los que disfruta la sociedad española, dice), ni es exigible que todo tipo de asunto sea resuelto

---

147 XIOL RÍOS, J. A.: "La mort del recurs de cassació", a "Autonomia i Justícia a Catalunya", X Seminari organizado por el Consell Consultiu de la Generalitat de Catalunya, el Consejo General del Poder Judicial i el Tribunal Superior de Justícia de Catalunya, 2009, p. 253.

siempre por el órgano situado a la cúpula judicial, ni la depuración del recurso de casación obedece al deseo de liquidar los asuntos sin trabajo excesivo.

3. LA REFORMA DE 2023

Dice la Exposición de Motivos del Real Decreto Ley 5/2023 que "las sucesivas reformas de la Ley 1/2000, de 7 de enero, han situado las cuestiones socialmente más relevantes en procedimientos sin cuantía, por razón de la materia" y que "la propia evolución de la litigiosidad hacia materias que afectan a amplios sectores de la sociedad, con un peso cada vez más importante del derecho de la Unión Europea y de la jurisprudencia del Tribunal de Justicia de la Unión Europea, evidencia que las partes y los tribunales tienen cada vez más difícil deslindar nítidamente las normas sustantivas de sus implicaciones procesales a efectos de los recursos extraordinarios".

"En este contexto, son cada vez más evidentes tanto las dificultades que encuentran las partes para construir correctamente los recursos como los obstáculos que tiene la propia Sala de lo Civil del Tribunal Supremo para cumplir su función de unificación de doctrina en materias socialmente relevantes". Destaca también que la mayor parte de las energías del tribunal se dedican a un 81 u 82 por 100 de recursos que, por ser inadmisibles, impiden cumplir con la función constitucional del Tribunal Supremo" y que "[l]a duración de la fase de admisión supera ya los dos años".

El legislador propugna la reforma de la ley, "en el sentido de atribuir al recurso de casación el tratamiento que reclama su naturaleza de recurso extraordinario dirigido a controlar la correcta interpretación y aplicación de las normas aplicables, en consonancia con la reiteradísima jurisprudencia del Tribunal Constitucional, del Tribunal Europeo de Derechos Humanos y de la propia Sala Primera de lo Civil de nuestro Tribunal Supremo insistiendo en el especial rigor de los requisitos de admisión del recurso de casación".

En su literalidad, ello supondría que el tribunal de casación se ocuparía de revisar el paso segundo de la fase tercera de nuestro ciclo decisional (la depuración de la norma aplicable) y a lo sumo del control de la argumentación y la virtualidad de la fase cuarta, pero en sentido más laxo, creo que ha de incluirse el control de la elección, validación y calificación jurídica, el control de las reglas de valoración probatoria y el control de las máximas de experiencia en la confrontación del análisis, todos ellos elementos normativos de cada una de las fases del proceso de toma de decisiones.

Así pues, con la reforma, el único motivo admisible en la nueva casación (art. 477 LEC), es la "infracción de norma procesal o sustantiva, siempre que concurra interés casacional".

La reforma reconduce las infracciones procesales a un único recurso de casación, como ya se hizo en 2015 con la casación contencioso-administrativa, y a una casación muy vinculada al correcto diseño legal del "procedimiento testigo" en la LEC (art. 479.3), considerado notablemente deficiente por algún autor[148]. La reforma quiere poner fin al régimen "transitorio" de la Disposición Decimosexta de la LEC y al colapso de la casación por los recursos derivados de la litigación en masa, a través de la técnica del pleito-testigo, al que se da tramitación preferente.

De acuerdo con el art. 477 LEC, se considerará que un recurso presenta interés casacional cuando la resolución recurrida se oponga a doctrina jurisprudencial del Tribunal Supremo o resuelva puntos y cuestiones sobre los que exista jurisprudencia contradictoria de las Audiencias Provinciales o aplique normas sobre las que no existiese doctrina jurisprudencial del Tribunal Supremo. Cuando se trate de recursos de casación de los que deba conocer un Tribunal Superior de Justicia, se entenderá que existe interés casacional cuando la sentencia recurrida se oponga a doctrina jurisprudencial,

148 MUÑOZ ARANGUREN. A: "El diseño del nuevo recurso de casación civil en el Proyecto de Ley de Medidas de Eficiencia Procesal del Servicio Público de Justicia", Diario La Ley, nº 10210, Sección Doctrina, 18 de enero de 2023.

o no exista doctrina del Tribunal Superior de Justicia sobre normas de Derecho especial de la Comunidad Autónoma correspondiente, o resuelva puntos y cuestiones sobre los que exista jurisprudencia contradictoria de las Audiencias Provinciales.

Como dijo MUÑOZ[149], respecto al Anteproyecto, "[La] redacción sigue la estela del actual [léase derogado] art. 477.3, si bien simplifica correctamente el último supuesto (inexistencia de jurisprudencia sobre la norma aplicable) y elimina la restricción temporal de los 5 años de antigüedad de la norma —no exenta de dificultades interpretativas hasta la adopción del Acuerdo de 2017. Dado que la norma no contiene más especificaciones sobre qué debe entenderse por jurisprudencia contradictoria de las Audiencias Provinciales, parece razonable inferir que el Tribunal Supremo aplicará los criterios fijados en el citado Acuerdo de 2017". Con esta flexibilidad, la Sala Primera podrá abordar asuntos de trascendencia social o jurídica que por razones puramente técnicas no encajaban en la definición de interés casacional, con un "sistema reglado flexible o, en algún sentido, mixto" y "con una nueva potestad de admisión, con cierto grado de discrecionalidad, cuando el recurso sea de interés general para la interpretación uniforme de la ley estatal o autonómica."

"La Sala Primera o, en su caso, las Salas de lo Civil y de lo Penal de los Tribunales Superiores de Justicia, podrán apreciar que existe interés casacional notorio cuando la resolución impugnada se haya dictado en un proceso en el que la cuestión litigiosa sea de interés general para la interpretación uniforme de la ley estatal o autonómica. Se entenderá que existe interés general cuando la cuestión afecte potencial o efectivamente a un gran número de situaciones, bien en sí misma o por trascender del caso objeto del proceso."

Añade el texto que "[l]a valoración de la prueba y la fijación de hechos no podrán ser objeto de recurso de casación, salvo error de hecho, patente e inmediatamente verificable a partir de las propias

149 MUÑOZ, "El diseño", p. 2.

actuaciones." Y concluye que "[c]uando el recurso se funde en infracción de normas procesales será imprescindible acreditar que, de haber sido posible, previamente al recurso de casación la infracción se ha denunciado en la instancia y que, de haberse producido en la primera, la denuncia se ha reproducido en la segunda instancia. Si la infracción procesal hubiere producido falta o defecto subsanable, deberá haberse pedido la subsanación en la instancia o instancias oportunas."

En una primera aproximación, constato la aproximación del nuevo modelo casacional estatal al que está instaurado en Cataluña. No es sólo el volumen de recursos[150], ni la técnica de redacción[151], sino la propia naturaleza y finalidad del recurso extraordinario la que obliga a reorientar su sentido, probablemente, en la línea de la potenciación de la creación de la norma jurisprudencial (bien entendida), de una vía de "diálogo" entre el tribunal de instancia y el de casación y acogiendo tanto la doctrina constitucional sobre los requisitos formal y la tutela judicial efectiva[152], como la del Tribu-

---

150 La Sala Primera del Tribunal Supremo, según la Memoria del Consejo General del Poder Judicial de 2021, ingresó ese año 10.969 asuntos. Pese a las dificultades comparativas, en Francia se interponen y admiten a trámite cerca de 20.000 recursos de casación civiles, si bien en los últimos años se observa una tendencia ligeramente decreciente, y en 2019 han sido cerca de 17.000 recursos. En Italia, la Corte di Cassazione dicta unas 30.000 sentencias civiles cada año (MUÑOZ, "El diseño…", p. 4). La situación es marcadamente distinta a nivel de Tribunales Superiores de Justicia.

151 Más cercana, en nuestro país, a una reproducción del esquema de la instancia (hechos, argumentos) antes de pasar a los motivos y más dependiendo de lo fáctico que de la generación de norma jurisprudencial *strictu sensu*, frente a otros sistemas, como el francés o el italiano, con resoluciones de corta extensión, que a menudo se limitan a contener unas máximas o a explicitar de forma sucinta cómo debe interpretarse determinada norma, y acudiendo en la inmensa mayoría de los casos a la técnica del reenvío al tribunal de instancia, y muy lejos de los 100 asuntos del Tribunal Supremo estadounidense (MUÑOZ, ibidem).

152 Si la decisión judicial de inadmisión "no se encuentra debidamente motivada o no está justificada, se fundamenta en causa inexistente o en un rigor excesivo en la interpretación de los requisitos formales, puede el Tribunal Constitucio-

nal Europeo de Derechos Humanos sobre el artículo 6.1 CEDH, el principio de efectividad del convenio, la "previsibilidad" del recurso de casación y los requisitos formales del recurso, exigiendo "un nexo razonable de proporcionalidad entre los medios empleados y el objetivo perseguido[153]."

Definido así el sentido y alcance del recurso de casación, centrados en la función de fijar jurisprudencia en la interpretación de las leyes, quiero ahora volcar las reflexiones sobre la toma de decisiones y el círculo decisional, aplicar la primera parte de este trabajo a la concepción del recurso extraordinario.

4. EL REFLEJO DEL CÍRCULO DECISIONAL EN LA CASACIÓN

En Derecho comparado gana terreno la teoría alemana de la *Leistungsfähigkeit* (referida al agotamiento de las capacidades de revisión), que sostiene que un tribunal de casación tiene que revisar todo lo que le sea posible, quedando solo excluidas las cuestiones directamente relacionadas con el principio de inmediación[154].

No he ejercido la función casacional y por tanto no me es fácil situarme desde ese lado. Tradicionalmente la casación ha pretendido dar una respuesta en la perspectiva hermenéutica y nomofiláctica que protege la norma, la ley, respetando los hechos, que se consideran "soberanía del tribunal de instancia" y ahora incide su nueva función de fijar jurisprudencia en la interpretación de los referentes

---

nal, a través del recurso de amparo, restablecer el derecho vulnerado y hacer efectiva la tutela judicial que garantiza el artículo 24.1 CE" (SSTC 214/1988, 190/1993, 374/1993 y 63/2000). legal" del recurso.

153 SSTEDH de 19 de diciembre de 1997 (caso Brualla Gómez de la Torre contra España), 11 de octubre de 2001 (caso Rodríguez Valín contra España) y 26 de mayo de 2020, (caso Gil Sanjuán contra España).

154 La doctrina alemana excluye de la casación todo lo referido a la inmediación, pero con la grabación de los juicios puede quedar en entredicho, pues las fronteras entre aprehensión y valoración se desdibujan.

normativos. Si aceptamos que las Audiencias Provinciales, a la hora de tomar decisiones, de dictar sus sentencias, siguen el proceso de toma de decisiones tal y como lo he descrito en la primera parte de este trabajo, tendremos que entender el recurso extraordinario de casación de otro modo. Cuando antes la sentencia se veía como el resultado de un silogismo jurídico, era relativamente fácil identificar el alcance de la función del tribunal de casación que, respetando los hechos, asentaba los referentes normativos, con su correcta interpretación. Pero si se entiende la sentencia como una decisión resultado de un proceso circular, si admitimos los fenómenos de in-tensión y de ex-tensión, si aceptamos las cuatro fases del proceso y de cada uno de sus componentes, la visión tendrá que ser otra, más matizada. También si el tribunal casacional centra su función en la doctrina jurisprudencial.

Si concebimos la sentencia de instancia, de segunda instancia, como objeto casacional en el sentido que se deduce del estudio del círculo decisional, tenemos que aceptar con rotundidad y claridad que el recurso de casación tiene que perpetuar su finalidad respetando como soberanía de las Audiencias Provinciales aquella parte de cada uno de los círculos internos del proceso, de los pasos de la toma de decisiones, de cada fase de la decisión (prueba, análisis, referentes normativos y decisión final) que signifique la consideración, por el juez o jueza o por la Audiencia Provincial, del impacto que recibe de la realidad (a través de la captación de los hechos, de la descripción de las afirmaciones fácticas y de la fijación y el acceso al texto normativo en sus resoluciones). La casación tampoco tendría que interferir en el proceso de in-tensión (la interpretación de los hechos, la ponderación analítica de la prueba, la argumentación jurídica), ni en el proceso de ex- tensión (la convicción sobre la utilidad de la prueba, sobre la orientación del análisis, sobre la firma de la decisión). Solo en la medida en que falle la fase intermedia de naturaleza referencial (el uso de los criterios de valoración probatoria o la aplicación errónea de preceptos de valoración; el error en la confrontación, en el análisis, con las máximas de experiencia; la equivocación en la validación del referente normativo, para alejarse de principios y valores constitucionales o sociales; la infracción del juicio de virtualidad de la decisión) estará legitimado el tribunal de casación, para admitir el recurso y, a carencia de reenvío, a actuar como tribunal de instancia.

En la nueva casación, este control solo tiene sentido en aras a crear normas jurisprudenciales, y no para corregir posibles errores *ad casum* que no requieran de la formulación de una norma jurisprudencial "generalizadora". En la nueva casación la función del tribunal no es corregir la casuística, ni establecer "precedentes" entendidos como casos que, por su parecido con otros, puedan ser considerados en el proceso de interpretación legal (de in-tensión), como experiencia interpretativa ajena, a utilizar ocasionalmente en la interpretación jurídica de la norma (el paso segundo de la fase tercera) o que busquen neutralizar los elementos personales o los aspectos caracterológicos del juzgador de instancia.

El control casacional se tiene que limitar, entiendo (incurriendo en otro caso en una desvirtuación de su función y reproduciendo su tendencia a convertirse en una "tercer instancia") al control y defensa sólo de la correcta aplicación de los elementos valorativos: de las reglas de valoración de los hechos, de las reglas de confrontación analítica, o sea, de las máximas lógicas de la experiencia, de la correcta aplicación de los referentes normativos en su sentido total: la elección correcta del referente o referentes normativos, la depuración cuidadosa de las normas (interpretación), la validación de las normas en relación a los principios y a los valores constitucionales, a los valores sociales y a los principios convencionales, y la correcta calificación jurídica de los hechos (subsunción o aplicación legal) y a la ponderación de los efectos de la resolución (las reglas de virtualidad).

Si lo que busca este recurso ahora es uniformizar la interpretación jurisprudencial de las normas (creando "normas jurisprudenciales"), pero no generar precedentes (en el sentido casuístico que hemos descrito), si, finalmente, aceptamos la tesis del círculo decisional como método de la toma judicial de decisiones, la función del tribunal de casación adquiere otro sentido, centrada en los referentes normativos y no en la apreciación probatoria, ni en los procesos de in-tensión y de ex-tensión.

4.1 La captación, la interpretación, la valoración y la utilidad de la prueba

Como dice MUÑOZ[155], el derecho probatorio, especialmente en la jurisdicción civil, continúa siendo una materia poco estudiada por la doctrina procesalista y con un escaso desarrollo jurisprudencial. No se tendría que resolver este asunto, como hasta ahora, mediante una simple remisión a las reglas de la sana crítica (art. 348 LEC) o con la concesión de un poder taumatúrgico a la inmediación judicial. Nada impediría al tribunal casacional, si así lo decidiera, introducir en sus resoluciones indicaciones dogmáticas relativas a la fijación correcta del *factum* y a las técnicas de valoración de los diferentes medios de prueba, pero hasta ahora no lo ha hecho.

En relación al error en la valoración de la prueba, se confirma, cuando la causa invocada es el interés casacional por la jurisprudencia contradictoria de las Audiencias Provinciales, la tesis de que "la fijación o unificación de la doctrina jurisprudencial, requiere obviamente la posibilidad de que haya una doctrina —con una mínima dosis de generalidad— susceptible de ser fijada o unificada. Esta modalidad de recurso es, pues, en principio inviable para revisar valoraciones de los tribunales de instancia que, aunque jurídicas, vengan decisivamente determinadas por las circunstancias fácticas concretas del caso. La apreciación de la culpa o negligencia, a falta de normas legales que fijen niveles de pericia o diligencia exigibles, se muestra como un ejemplo paradigmático de este tipo de valoraciones jurídicas[156]."

---

155 MUÑOZ, "El diseño…", p. 3.

156 STS, Civil sección 1 núm. 407/2016, del 15 de junio de 2016 (ECLI:ES:TS:2016:2871), STS, Civil sección 1 núm. 370/2016, del 03 de

Y, aceptada la casación, casada la sentencia, la Sala casacional tiene facultades plenas de revisión no solo de las cuestiones jurídicas planteadas en el recurso, sino también de las fácticas, y puede hacer una revisión completa de la valoración de la prueba, sin estar constreñida por las estrictas limitaciones que en esta materia son propias[157].

En sentido similar, las insuficiencias del tribunal de instancia en la integración del *factum* permiten la facultad (integrativa) del tribunal de casación, autorizado a complementar una relación histórica incompleta o insuficiente para explicitar la respuesta casacional, pero "de ninguna forma permite efectuar valoraciones probatorias, ni puede ser postulada por la parte para la configuración del supuesto fáctico de un motivo". La integración no puede ser utilizada para, "desentendiéndose de los hechos declarados probados en la sentencia recurrida después de valorar determinados medios de prueba, imponer la realidad fáctica propuesta por la parte recurrente a partir del examen y valoración de los mismos u otros medios de prueba y que contradice aquellos, puesto que la integración del "factum" no los puede enmascarar[158]."

---

junio de 2016 (ECLI:ES:TS:2016:2577) y ITS, Civil sección 1 del 20 de junio de 2018 (ECLI:ES:TS:2018:6755A).

157 STS, Civil sección 1, núm. 317/2019, de 04 de junio de 2019 (ECLI:ES:TS:2019:1970) y STS, Civil sección 1, núm. 371/2017, de 09 de junio de 2017 (ECLI:ES:TS:2017:2263), entre otras. Como dice MUÑOZ ("El diseño", p. 4) a pesar de que el tribunal casacional no pueda modificar, en línea de principio, la valoración probatoria de la Audiencia Provincial en sede casacional, no es inusual encontrar supuestos en los que el Alto Tribunal, al asumir la instancia, tome en consideración elementos del material probatorio no valorado por los tribunales de instancia. Esto es consecuencia de la característica ausencia de reenvío, en caso de estimación del recurso de casación, en nuestro país.

158 STS, Civil sección 1, núm. 617/2007, del 24 de mayo de 2007 ECLI:ES:TS:2007:3245), STS, Civil sección 1 núm. 650/2014, del 27 de noviembre de 2014 (ECLI:ES:TS:2014:5251) y STS, Civil sección 1, núm.: 854/2021, del 10 de diciembre de 2021 (ECLI:ES:TS:2021:4798).

Pero la crítica más extendida es que el Tribunal Supremo y también los Tribunales Superiores de Justicia han corregido el proceso probatorio (no solo el uso e interpretación de las normas de valoración probatoria), cuando han apreciado error fáctico ("material o de hecho"), cuando han considerado que la "valoración" (realmente, en mi opinión, la captación, la interpretación, la valoración o la utilidad, o varias de ellas) presentaba un error de gran magnitud, cuando la "valoración" había sido errónea de forma patente, absurda, ilógica, manifiesta, evidente o notoria (por todas, STS, Civil sección 1, nº 559/2022, del 11 de julio de 2022 (ECLI:SE:TS:2022:2917) y las que cita, doctrina a la que se remite habitualmente nuestro Tribunal Superior en Cataluña).

Este fenómeno no tendría que producirse, ha perdurado, en parte, esta tesis al amparo del derogado artículo 469, 4 LEC (recurso extraordinario por infracción procesal[159]), todo ello reforzado por la idea de que tal "valoración probatoria" lesiona el derecho a la tutela judicial efectiva (arte. 24.1 CE, en el ámbito normativo de la infracción legal *in procedendo*).

El recurso extraordinario de infracción procesal no fue contemplado en la regulación de la Ley 4/2012 y se siguió regulando por las normas de la LEC (arts. 468 y ss.), de forma que no se podía plantear de manera autónoma ante el Tribunal Superior de Justicia. Aunque, como dice ABRIL CAMPOY, los criterios de la Sala catalana y la doctrina del Tribunal Superior tenían en cuenta los criterios de la Sala Primera respecto de las exigencias formales para la admisión del referido recurso extraordinario y a pesar de que podría haberse planteado la posibilidad de actuar con criterios propios en relación al recurso de infracción procesal (no era objeto del recurso extraordinario de infracción procesal la vulneración de

---

159 En los últimos cinco años, de 413 sentencias del Tribunal Supremo que casaron la de instancia, hemos computado que 14 lo hicieron por error en la valoración de la prueba. Hay una parte (5) que lo desplaza al análisis del presupuesto fáctico, especialmente en materia de consumo (sobre la consideración de consumidor, los intereses, etc.).

una norma procesal catalana, que se analizaba por vía del recurso de casación, exigencia ineludible). Pero perduraba (y perdura) la vía del artículo 24 CE.

La reforma legal consagra como motivo de casación, el "error de hecho, patente e inmediatamente verificable a partir de las propias actuaciones" (art. 477.5 LEC), aunque por vía de excepción ("La valoración de la prueba y la fijación de hechos no podrán ser objeto de recurso de casación, salvo...").

La redacción supone una restricción mayor a la actuación del tribunal de casación en relación con el material probatorio y afianzaría nuestra tesis sobre el círculo decisional. Lo "patente" y "verificable" sustituye a lo "absurdo", "ilógico", "manifiesto", "evidente" o "notorio" y debería llevar a una mayor constricción. En la tesis que defiendo, la captación, interpretación y utilidad de la prueba tienen que ser soberanía de la Audiencia Provincial. La captación está íntimamente relacionada con la inmediación, que la doctrina alemana excluye de la materia casacional, y la interpretación fáctica y la selección útil del material probatorio como pasos de in-tensión y de ex-tensión personales e intransmisibles tienen que quedar también excluidos del control casacional. La función del Tribunal Supremo o Superior se tendría que concentrar en fijar los criterios de valoración (como referentes normativos) y en las reglas de fijación correcta de los hechos desde la perspectiva dogmática. Si no lo hace así, traicionará su función.

Hoy por hoy, más de lo deseable, la remisión de los aspectos fácticos a la interpretación de los referentes normativos, se hace sin clara distinción entre presupuesto fáctico de la norma (o aspecto fáctico de la proposición normativa) y hechos probados, especialmente en materia de consumo. Lo "patente" y "verificable" no se debe enmarcar en el eje horizontal, el que va de la interiorización a la manifestación de las "buenas razones" y tal eje debería ser inmune al control casacional, que, si ha de comprender el control de las reglas de fijación correcta de la prueba, se debe situar en el terreno referencial. Pero es muy fácil invadir el terreno de la aprehensión y de la inmediación (que nuestra tradición y la doctrina alemana reserva al tribunal de instancia).

Si el tribunal de instancia infringe las garantías del interrogatorio, las reglas sobre el acceso de la prueba documental al proceso, las reglas sobre el método o protocolo legal empleado por el perito, o las reglas de la carga de la prueba, el tribunal de casación lo puede controlar, porque estamos en el terreno de la defensa de la ley, de la heurística, de las reglas de valoración probatoria y de las máximas fácticas de la experiencia. La Audiencia Provincial puede haber validado una prueba ilícita u obtenida sin garantías, puede haber obviado una regla obligatoria de valoración probatoria o de carga de la prueba, puede haber olvidado un referente normativo esencial en la fase de confrontación (lo que se hará patente en el momento de la argumentación jurídica), o un error en la aplicación de las máximas de experiencia y es en este ámbito en el que tiene sentido la función nomofiláctica del recurso de casación.

Si puede haber reproche sobre los referentes normativos elegidos, interpretados, contrastados y aplicados por la Audiencia, más que un error patente en la apreciación de la prueba, lo que el tribunal casacional puede (y debe) controlar es la incorrecta valoración de los efectos que puede producir la resolución (en el ámbito de la ex-tensión), en el eje horizontal, desde una perspectiva de la virtualidad de la decisión, respetando el proceso de in-tensión de la Sala de instancia, de su plena soberanía.

Discrepo de MUÑOZ[160] cuando dice que identificar una doctrina jurisprudencial susceptible de generar interés casacional en materia de valoración probatoria no parece una tarea fácil, salvo que se incurra en construcciones teóricas artificiales. No veo, como sugiere este autor, que se pueda invocar la valoración irracional de la prueba como motivo autónomo, ni que, invirtiendo el orden y resolviendo primero el recurso de casación (cuando la norma permita al tribunal casacional estimar la infracción de derecho sustantivo y

---

160 MUÑOZ, "El diseño…", p. 3.

de la jurisprudencia que lo interpreta) pueda seguidamente apreciar este error de hecho no controvertido, eventualmente alegado por el recurrente, y corregir la valoración probatoria de instancia.

Entiendo, repito, que el tribunal de casación, que ha renunciado, por ahora, a hacer indicaciones dogmáticas sobre la fijación correcta del *factum* y sobre las técnicas de valoración de los diferentes medios de prueba, no tiene como función sustituir el proceso de captación, ni la interpretación de los hechos, ni el juicio de utilidad de la prueba y tendría que limitar su función, con auto constricción, al control monofiláctico, en la primera fase del proceso decisional, al paso de valoración, al desarrollo jurisprudencial de los artículos 304, 307, 319, 326, 373 o 348 de la LEC, a fijar normas jurisprudenciales de valoración y a establecer reglas (doctrina jurisprudencial) para la fijación correcta de la prueba.

4.2 Las afirmaciones fácticas, la ponderación, la confrontación y la orientación del análisis

La segunda fase del círculo decisional, en tanto proceso de intensión, interno, no debe ser controlable, ni controlado, en casación. Cómo dice IGARTUA[161], solo importa la motivación externa.

La Audiencia Provincial (y la jueza o juez individual) que conforma su convicción sobre los hechos desde la fijación de las afirmaciones fácticas[162] y a través de su ponderación, está actuando en terreno soberano, exclusivo. Si escoge sesgadamente el objeto de análisis (incurriendo en incongruencia) en función del punto de partida,

---

161 IGARTUA SALAVERRÍA, J.: ¿Cuáles son los principales conceptos de "motivación" y cuáles sus respectivas ventajas o desventajas? cuestión n. 3, a "III La motivación fáctica. 123 cuestiones básicas sobre la motivación de las resoluciones judiciales, VVAA Dctor. Javier Hernández, a Cuadernos Digitales de Formación, n. 32, 2012.

162 Entiendo por afirmaciones fácticas las que se hacen (por las partes y el propio juez) una vez recaudado el material probatorio (al final de la primera fase del proceso decisional).

solo será posible el control de la fase decisoria, cuando este error se traduzca en una argumentación jurídica errónea (en la cuarta fase).

Es cierto que el juez se puede equivocar en la fase de confrontación (con los referentes normativos de la lógica, con las máximas lógicas de experiencia) y solo en este tercer paso tendrá sentido el control casacional y la función nomofiláctica. Se puede obtener un material probatorio depurado equivocado, pero, nuevamente, el control se defiere en la cuarta fase (la de la motivación). Si el tribunal de instancia infringe las garantías u olvida un referente lógico esencial en la fase de confrontación (lo que se hará patente en el momento de la argumentación jurídica), o un error en la aplicación de las máximas de experiencia, es en este ámbito que tiene sentido la función nomofiláctica del recurso de casación y no en la fase de in-tensión.

Este error puede haber llevado a la Audiencia Provincial a una equivocación en la orientación de su análisis, pero si, a pesar de la omisión o error no se altera el resultado, la conclusión a que llegue tiene que ser respetada por el tribunal de casación (ello guarda relación con el llamado "efecto útil" de la casación). La fijación del material probatorio depurado corresponde a la instancia.

4.3 La elección, la depuración, la validación y la aplicación de los referentes normativos

Teniendo en cuenta el proceso decisorio judicial tal y como lo he ido exponiendo, la casación, como mecanismo de control, tiene que incidir fundamentalmente en el tercer paso del proceso de toma de decisiones, el de los referentes normativos. Este es el ámbito más propio del recurso casacional. La función casacional se tendría que centrar y profundizar de forma especial, así, de entre los cuatro elementos del proceso decisional que he expuesto, en el tercero, el de los aspectos normativos.

Se tiene que controlar la investigación voluntariosa de preceptos aplicables, cuando no se sostiene lógica, ni jurídicamente, se tienen que corregir las elecciones equivocadas de la ley aplicable, las interpretaciones voluntaristas, sesgadas o simplemente erróneas, las validaciones (o su carencia) en relación a las normas positivas (infracción de doctrinal legal), la infracción de las normas jurisprudenciales (infracción de doctrina jurisprudencial, no de los precedentes, en el sentido casuístico que he expuesto), también por jurisprudencia contradictoria y por carencia de doctrina en leyes recientes, y en relación a los derechos, principios y valores constitucionales y a los derechos y valores convencionales.

Ya había señalado la Sala Primera del Tribunal Supremo en Auto de 3 de mayo de 2007, criterio reiterado en otras muchas, que "para que haya interés casacional se tiene que constatar la existencia de un verdadero conflicto jurídico generado por la contradicción de la doctrina jurisprudencial establecida en la interpretación y aplicación de las normas sustantivas objeto de debate para garantizar la seguridad jurídica", lo que significa que el conflicto se tiene que haber generado al analizar el núcleo de la decisión jurisprudencial y no por cuestiones tangenciales producidas durante el proceso.

El Tribunal Superior de Justicia de Cataluña admite el interés casacional al amparo del artículo 2.2 y 3 de la Ley 4/2012, de 5 de marzo, teniéndose que especificar por el recurrente la *ratio decidendi* y encaminado a la fijación de doctrina jurisprudencial[163].

El tribunal casacional viene llamado no solo a la defensa nomofiláctica, sino también al control sobre la superposición de ordenamientos jurídicos y a la defensa de los derechos, principios y valores constitucionales, del derecho europeo, del derecho convencional. El tribunal de casación, si quiere ser fiel a sus orígenes, tiene que defender la ley, ahora en un sentido más abierto, el que significa el aporte del sistema de derechos humanos y del derecho convencional, del derecho de la Unión Europea y de la Constitución Española sobre el derecho civil. Tiene que reencontrar este camino sin sus-

---

163 Por todos, ATSJC núm. 127/2022, Civil, Sección 1 del 27 de septiembre de 2022 (ECLI:ES:TSJCAT:2022:692A).

tituir a las Audiencias Provinciales y respetando las competencias del Tribunal Constitucional, del Tribunal de Justicia de la Unión Europea, del Tribunal Europeo de Derechos Humanos, de los Dictámenes de la CEDAW, etc., y recepcionando sus doctrinas.

En la medida en que la elección, depuración, validación y aplicación de los referentes normativos responda a normas, a reglas, también tiene que controlar la validez del método judicial en esta fase de la toma de la decisión. El método se conforma a través de reglas. El método también es un referente normativo y se debería pensar en extender la casación al control del método decisorio, de forma que el tribunal casacional vele por la "métodofilaxis", si se me permite la expresión.

Se trataría de lo referente a corregir errores metodológicos en cada una de las cuatro fases que hemos ido describiendo o a la ausencia de este ciclo, básicamente por omisión en la captación, interpretación, valoración o juicio de utilidad del material probatorio recaudado (con los límites de la inmediación y de la mediación "mediata", a través de los medios de grabación), por omisiones en la aplicación de reglas legales y máximas de experiencia valorativa, en la fase de in-tensión por inutilidad del análisis o el error la conclusión probatoria. En la segunda fase, seria casacionable la inclusión de argumentos extraños al debate, los errores de ponderación argumental, la infracción de máximas de experiencia racional, la argumentación inútil, sesgada, desorientada o falaz. En el tercer paso, sería casacionable, si aceptamos esta tesis, la omisión de una lectura, la interpretación, contraste valorativo o aplicación normativa y el no respeto a los precedentes, en el sentido que he expuesto.

Estamos hablando de un conjunto de conocimientos, habilidades y actitudes para la toma de decisiones, que también constituyen referentes normativos. Entiendo que la casación tendría que girar progresivamente hacia un mecanismo de establecimiento de "grandes principios", más próximo al que ahora mismo es (o tendría que ser) la función constitucional y de los tribunales internacionales (a pesar de que estos no se encuentran "atrapados" por la vinculación a los hechos del tribunal de origen y valorando cada caso —los hechos, el derecho, el contexto, etc.— son capaces de asentar una doctrina general).

No hay que confundir la revisión de la valoración de la prueba, que hace referencia a la fijación o determinación de los hechos, con la revisión de las valoraciones jurídicas extraídas de los hechos considerados probados[164], lo que constituye la calificación jurídica. La primera no es controlable en casación, la segunda, sí.

Aun así, no todas las resoluciones judiciales contrarias a la norma son corregidas, de forma que cuantitativamente muchas escapan del control. Esto quiere decir que quedan resueltos muchos conflictos solo con la actuación de la instancia. La valoración probatoria, dada la complejidad de la toma de decisiones judiciales, la variedad de conflictos y de los métodos de argumentación aplicativa y las posibilidades electivas, interpretativas y aplicativas pueden dar lugar a soluciones aparentemente contradictorias, pero esencialmente correctas, igualmente, y el Tribunal Supremo o Superior lo tendría que respetar.

Son razonablemente inamovibles la validación del material probatorio recaudado y la libertad argumentativa, los referentes normativos principialistas y los valores. En este contexto, la tarea del Tribunal Superior y del Tribunal Supremo tendría que tender a la simplificación, o si se quiere a la sublimación, velando por el control de los valores sustanciales de los referentes normativos, en un sistema "multi-fuentes". En un ordenamiento jurídico abierto de fuentes, la nomofilaxis tiene que centrarse en la cúspide del ordenamiento jurídico, más que en los textos positivos, prolijos y a menudo contradictorios.

---

[164] STS, Civil sección 1, núm. 436/202, del 22 de junio de 2021 (ECLI:ES:TS:2021:2498).

En un sistema en el que hay tribunales por encima del Tribunal Superior y del Tribunal Supremo que velan por la defensa de los derechos fundamentales y por la constitucionalidad de las leyes, por los derechos humanos y por derecho europeo, la función del tribunal de casación ha menguado más en algunos casos que no ha recibido e integrado los principios y normas europeas y convencionales y la doctrina de los respectivos tribunales que las defienden, que no por resolver el alcance de su función frente a la soberanía del Tribunal de instancia.

4.4 La parte dispositiva, la argumentación, la virtualidad y la firma de la decisión

En el sentido que vengo defendiendo, la parte dispositiva de la resolución, la decisión en ella misma, no es objeto casacional, en tanto convicción, decisión del tribunal de instancia. Pero de forma indirecta, la estimación de un recurso de casación la invalida (ante la carencia de reenvío y asumiendo el tribunal de casación la instancia). Propiamente, el juicio casacional controla o tendría que controlar solo los juicios de Derecho.

Quizás también se podrá casar una sentencia que presente deficientes formas de plasmación, en la redacción de la sentencia, del razonamiento sobre el material probatorio recaudado (sobre lo que ya he hablado, las reglas de racionalidad y de valoración probatoria) y en relación a la motivación, por no afrontar la argumentación jurídica con garantías. No hay duda que tradicionalmente ha sido motivo de casación procesal la infracción de los requisitos internos de la sentencia y de sus efectos (artículos 216 a 222 LEC) y todavía encontraríamos otros preceptos que, en la nueva casación, podrían justificar la tarea del Tribunal de casación. El defecto de motivación comporta siempre indefensión y por tanto es casacionable. Estamos en la fase aplicativa, no solo de argumentación normativa, sino también fáctica, y la decisión judicial sobre validación o rechazo, que es propia del contexto de justificación, tiene que responder a la claridad argumental, aspecto que tiene que controlar el Tribunal *ad quem*.

El gran problema es delimitar hasta qué punto el tribunal de casación tiene que ejercer la función nomofiláctica controlando la argumentación. He recogido en la primera parte de este trabajo la preocupación de la doctrina a favor de una buena argumentación, la propuesta de los "esquemas argumentativos" de TARUFFO, la preocupación de ANDRÉS IBÁÑEZ, sobre la motivación fáctica, por su discrecionalidad y por su control más difícil.

La argumentación es el terreno del "*trial and error*" de POSNER (al otro extremo del eje horizontal, opuesta a la deliberación). La argumentación atraviesa el proceso decisorio judicial desde el análisis a la argumentación aplicativa y si contraponemos "analizar" a "argumentar" (introspección, dirigida al propio convencimiento, frente a extraversión, dirigida a convencimiento) y a pesar de que las fronteras no siempre son nítidas, tenemos que concluir que se tiene que poder controlar si la justificación adoptada por el juez para apoyar la decisión responde a los cánones de la racionalidad solo en tanto dichos cánones sean otro tipo de referente normativo, pero no se puede controlar la justificación en sí misma.

Más allá, aunque la argumentación y la motivación no coincidan con la que hubiera considerado el tribunal de casación, éste no puede controlar el conjunto de elementos que tienen que estar presentes en la explicación o la justificación de una decisión judicial y si admitimos varias posibilidades de argumentación válidas (que sean jurídicamente correctas es un presupuesto, pero no el esencial) si, como hemos defendido, son compatibles varias formas de argumentar (al menos la formal, la material y la pragmática, expuestas con claridad por ATIENZA), a pesar de que la motivación judicial sea una declaración de ciencia y una declaración de voluntad (VIGO y Carnelutti), no entiendo que se pueda suplir la argumentación de la Audiencia Provincial por el solo hecho de que el tribunal casacional entienda que la argumentación tiene que ser otra. Por encima de las diversas calificaciones sobre los tipos de argumentación (argumentación directa o por deducciones, etc.), si se encadenan con precisión las premisas con el resultado, la función concretizadora del tribunal de instancia tendría que ser inatacable. Casar sería tanto como imponer un modelo de abordaje sobre otro.

La virtualidad de los efectos de la resolución (la consideración del contexto en que se produce y el alcance del cambio que puede producir en la realidad) sí tiene alcance casacional. Entiendo admisible que una sentencia de Audiencia Provincial se case por la razón de que a criterio del tribunal casacional no se hayan sopesado los efectos que pueda producir, porque la decisión no pueda ser considerada como social, jurídica o éticamente correcta. Es lo que he definido como "virtualidad".

En suma, el tribunal casacional, en la defensa nomofiláctica, tiene que atender al fenómeno de la superposición de ordenamientos jurídicos y a la defensa de los derechos, principios y valores constitucionales, del derecho europeo, del derecho convencional. Tiene que "defender la ley", ahora en un sentido más abierto, el que significa el acervo de derechos humanos y derecho convencional, de derecho de la Unión Europea y de la Constitución Española sobre el derecho civil, girando progresivamente hacia un mecanismo de establecimiento de "grandes principios", más próximo a lo que ahora mismo es la función constitucional y la de los tribunales internacionales.

Hace falta una mayor articulación de nuevos mecanismos para construir la casación, como el test de proporcionalidad, la ponderación de principios implicados y la valoración de las particulares circunstancias económicas, políticas, morales y sociales. El Tribunal Supremo (y los Superiores) tiene que recorrer este camino respetando las competencias del Tribunal Constitucional, del Tribunal de Justicia de la Unión Europea, del Tribunal Europeo de Derechos Humanos, de los Dictámenes de la CEDAW, etc., pero incorporando sus doctrinas.

Y el Tribunal de casación lo tiene que recorrer sin sustituir la función propia de las Audiencias Provinciales, la función de instancia. El respecto a la exclusividad del tribunal de instancia en la valoración de la prueba se tiene que garantizar. Se tiene que encontrar el correlativo reconocimiento de un protagonismo más grande del juez a la hora de aprehender los hechos, de analizarlos, de fijar el material probatorio depurado, la fijación de los hechos probados, y también a la hora de motivar, de identificar los materiales normativos en que apoyará su decisión, de elaborar la argumentación.

Si se acepta el enfoque que propugno (que el Tribunal de casación ha de asumir una función de defensa de los valores, de la ética o de las leyes) y no se da importancia preferente a la función de corrección de errores (evitando convertirse en una tercera instancia), el tribunal casacional ganará prestigio. Por el contrario, justificando por una u otra vía una superación de la "soberanía del tribunal de instancia", desatiende profundamente el sentido del recurso de casación. De un enfoque objetivo pasa a un enfoque subjetivo.

En este contexto, entender como he venido manteniendo, que la sentencia del tribunal de instancia no es el resultado de un silogismo jurídico simple, sino una decisión tomada a través de un proceso que, partiendo de los hechos, "in-tiende" en el análisis, contrasta con los referentes normativos y se "ex-tiende" a través de la argumentación y la consideración contextual y finalista de la decisión, puede abrir nuevas perspectivas para entender la nueva función casacional.

Anexo II

Reflexiones sobre la competencia decisoria en el ámbito ético: Hable el sabio y escuche el discreto

El juez se enfrenta también a la toma de decisiones en el ámbito ético. No me refiero a la ética en el contexto de la toma de decisiones judiciales (el dictado de la sentencia) en donde la ética concurre, en el sentido que he expuesto, dentro del elemento de validación, en uno de los pasos de los referentes normativos (en la tercera fase), ni me interesa ahora como elemento a considerar en la argumentación aplicativa, dentro de la cuarta fase, en lo que he definido como "virtualidad" de la decisión, sino que voy a intentar describir el proceso de toma de decisiones éticas en general, cuando el juez, dentro o fuera del proceso, se plantea una duda sobre cómo actuar "bien".

En España, los Principios de Ética Judicial[165] suponen una guía normativa para las juezas y los jueces a la hora de actuar e implican, sea en el seno del proceso o ajeno a él, que muchas veces los jueces han de tomar posición (por activa o por pasiva) respecto a problemas de una conducta propia que puede considerarse "buena" o "mala".

Algunas de las decisiones éticas del juez están directamente vinculadas con el proceso, pero no todas. No hay duda de que, además de los principios fundamentales (independencia, imparcialidad, integridad), cuya infracción puede tener un efecto jurídico procesal

---

165 Elaborado por el "Grupo de Trabajo para la elaboración de un Código Ético para la Carrera Judicial", y "asumido" por el pleno del Consejo General del Poder Judicial en sesión de 20 de diciembre de 2016.

directo[166] determinados conocimientos aplicativos[167] y el ejercicio de algunas habilidades en las actuaciones judiciales (e.g la cortesía, la empatía), implican contenidos éticos en la actuación del juez. Pero voy a centrarme en aquellas decisiones judiciales no tan claramente vinculadas con procesos concretos y que pueden afectar a la confianza de la ciudadanía en la justicia, a la imagen de su independencia, al reconocimiento de la autoridad del juez en concreto y del cuerpo judicial en su conjunto.

Cuando un juez debe decidir si recibir o no a un abogado o a periodistas, realizar cursos o conferencias con diferentes proponentes, participar o no y cómo en redes sociales, integrarse en la sociedad a través de organizaciones cívicas de diverso signo, recibir o no regalos, participar en órganos de significación política, asociarse, expresarse, manifestarse, etc., no hace más que tomar decisiones y el círculo decisional puede ser un instrumento metodológico útil para esa toma de decisiones. Existen otros muchos ámbitos en los que se plantean dudas éticas[168].

---

166 La abstención o recusación, la infracción del os principios de contradicción e igualdad de armas, el exceso de jurisdicción, etc.

167 Históricamente, p.e. la construcción el concepto de la "diligencia de un buen padre de familia", actualmente, en muchos conceptos jurídicos indeterminados., especialmente en relación con derechos humanos, derechos fundamentales y conceptos convencionales de los tratados.

168 Como ejemplos, sobre discursos y conferencias, el Código Ético de Canadá dice (5.B.20) que "es común que a los jueces se les pida hablar en público. La participación pública de los jueces destinada a educar a otros es un beneficio para el poder judicial y el público al que sirven. Se anima a los jueces a asistir a los eventos como ponentes, tanto para aportar sus conocimientos como para emprender su propio desarrollo profesional. Sin embargo, hablar en público conlleva riesgos para la percepción pública de la imparcialidad del juez y debe abordarse con cuidado. Los jueces deben considerar cuidadosamente una variedad de factores al decidir si aceptan una invitación a hablar y, de ser así, qué puede abordar adecuadamente el juez en un discurso. Estos incluyen: (i) la organización que invita al juez a hablar; (ii) la audiencia prevista; (iii) el tema o tema general a abordar en el discurso; (iv) el grado en que el tema se relaciona con cuestiones relativas al poder judicial o los tribunales; (v) si el tema o las observaciones del juez se relacionan con un asunto de orden público

La Comisión de Ética Judicial española trabaja para facilitar a los jueces elementos de interpretación sobre el ejercicio de esos derechos y el cumplimiento de esos deberes y, especialmente, sobre "el examen de razonabilidad ético-judicial de la decisión a adoptar"[169]. Ese examen, como propio de un proceso de toma de decisiones, responde sin duda al círculo decisional del que venimos tratando, que se desarrolla fundamentalmente en el ámbito interno (constatación o planteamiento, análisis, contraste referencial) y que solo se manifiesta en una acción u omisión que no tiene consecuencias

---

o controversia pública; vi) la probabilidad de que el discurso sea reportado, grabado o puesto a disposición de un público más amplio; y (vii) el valor de las observaciones del juez para informar o educar al público objetivo. Si los jueces tienen dudas sobre la conveniencia de aceptar una conferencia, deben buscar el consejo de su Presidente del Tribunal Supremo" Sobre asistencia a eventos (5.B.21 a 5.B.24) recoge que "[l]os jueces podrán asistir a eventos sociales o públicos, o conferencias, siempre que dicha asistencia no comprometa su imparcialidad y la naturaleza del evento, o el anfitrión, no genere otras preocupaciones relacionadas con los Principios Éticos". "Los jueces pueden participar en programas sociales en conferencias siempre que estén generalmente disponibles para los asistentes u oradores y el patrocinio, la naturaleza y el alcance de los programas sociales no crearían, desde el punto de vista de una persona razonable e informada, una percepción de falta de imparcialidad". "La asistencia de un juez a conferencias y eventos sociales patrocinados por empresas u organizaciones es potencialmente problemática. Cuando sea invitado, el juez debe considerar la organización anfitriona del evento, si la invitación también se extendió a líderes comunitarios, el propósito para el cual el juez fue invitado y la posibilidad de una percepción pública adversa como resultado de la asistencia". "Cuando los jueces son invitados a asistir a eventos sociales asociados con el derecho o la profesión jurídica, u organizados por bufetes de abogados, deben considerar la naturaleza del evento social, su patrocinio, los demás invitados y asistentes al evento, la finalidad para la que el juez ha sido invitado, la existencia de una relación personal previa con el anfitrión y los asistentes, así como el beneficio para el juez, el poder judicial y la abogacía como consecuencia de la asistencia del juez. Los jueces deben evitar asistir a tales eventos si el propósito del evento es promover un interés comercial, mostrar la relación del anfitrión con el juez o si asisten clientes".

[169] Dictamen 2/2023 de 18 de septiembre 2023, sobre la asistencia a una manifestación como ciudadano. Por supuesto, no en calidad de miembro del Poder Judicial ex art. 395 LOPJ.

jurídicas, generalmente, sino que su aprobación o reproche se enmarca en el ámbito moral interno, ético (y que puede producir una apariencia externa, favorable o perjudicial para el propio juez y para la institución).

Ello implica, como en todo proceso decisorio, el sometimiento a un método de análisis que, en términos generales y siguiendo la estela de KOLB[170], pasa por la aprehensión y captación de la realidad, su análisis conforme a las reglas de la lógica, el contraste con los referentes normativos (los principios éticos y la experiencia acumulada, en cuyo contexto se produce la validación con el bagaje ético de quien decide) y la consideración de las circunstancias de la decisión y de los efectos que puede producir.

Como dije, puede que alguno de los pasos de cada fase del ciclo decisional se sobreentienda, ya porque, acumulado por la experiencia, el contraste se elida (quede implícito), ya porque la simplicidad del supuesto lleve al juez o jueza aparentemente a considerar de forma directa lo captado como útil, el análisis como orientado, el hecho como calificado éticamente ("bueno" o "malo") o la decisión como firme (afirmada). Pero no tengo dudas de que el examen de razonabilidad ético-judicial de la decisión a adoptar transitará por la aprehensión, el análisis, la consideración de los elementos normativos y la decisión.

Una diferencia importante se encuentra en el hecho de que, en el proceso de toma de decisiones éticas, no hay alteridad, es un proceso personal, sin aportaciones externas en las dos primeras fases. Pero también se caracteriza este círculo decisional por la amplitud de la consideración de los referentes normativos, no solo constituidos por los Principios de Ética, sino por otras muchas fuentes de saber, no necesariamente de corte prescriptivo.

---

170 KOLB, D.: KOLB, D.: Experiential Learning, cit. así como la bibliografía sobre las ideas de Kolb y su actualización (The Kolb Experiential Learning Profile 2021 Technical Specifications, vid.: https://learningfromexperience.com).

Vamos a plantear el desarrollo del proceso decisional en ética, como segundo ejemplo, de una forma simplificada y con atención preferente a la tercera fase, a los referentes normativos.

1. LA PRIMERA FASE

Hemos descrito esta fase, en la primera parte de este trabajo, en torno a los fenómenos de captación y aprehensión, a la percepción sensorial de un impacto, a una experiencia concreta en la que juegan los sentidos y los sentimientos. El juez o jueza puede sentirse inquietado o moralmente llamado a pronunciarse, a actuar o no actuar en un determinado sentido respecto a un problema no estrictamente técnico, sino ético. Puede sentir de forma imperiosa, con elementos racionales, referenciales o aplicativos, la necesidad de decidir lo que está bien y lo que está mal respecto a un supuesto concreto en el que tiene que decidir qué hacer y en el que quiere que la decisión sea "buena".

Desde la perspectiva de la "aprehensión", la intermediación es limitada. El juez o jueza "capta", "conoce" el problema (no siempre dilemático) al que se enfrenta y es posible que se plantee alguna actividad para definir el supuesto de hecho: pedir al convocante las condiciones en las que se le ofrece participar en una tertulia televisiva, conocer quién y en qué condiciones se convoca una reunión o una manifestación, etc. Esa fase equivaldría a la primera, de "prueba", que hemos descrito y desarrollado.

Este proceso es interno e insustituible. Ni siquiera en las consultas a la Comisión de Ética el alcance del problema tiene el sentido completo de cómo se configura en la mente del juez o jueza que debe decidir.

2. LA SEGUNDA FASE

El juez o jueza que tiene que tomar una decisión ética puede y debe llevar a cabo un proceso de reflexión en el que las técnicas de análisis (de forma más o menos simplificadas) le pueden ayudar.

Hemos dicho que el análisis discurre en cuatro pasos:

a) La fijación de la afirmación fáctica o conclusión propuesta a partir del material probatorio útil y depuración de su sentido. En el ámbito de la decisión ética, el juez ha de tener claro el "dubio", en toda su amplitud fáctica, y confirmar los términos de la actividad (o la inactividad) que se propone llevar a cabo.

b) La ponderación reflexiva, lo que constituye el núcleo del pensamiento crítico (por ejemplo, elementos a favor y en contra de asistir a una manifestación pública).

c) La confrontación o test de verosimilitud de la tesis (lo que significa el uso de máximas de experiencia y de elementos referenciales del juez, por ejemplo, experiencias previas sobre conductas omisivas, evitativas o adaptativas).

d) La orientación o conclusión: la consideración de la procedencia racional de la actividad o inactividad de impulso ético.

El ejercicio intelectual de preguntarse, de sopesar pros y contras, acabará traducido en motivos o argumentos de validación o de rechazo.

3. LA TERCERA FASE

Esta fase es sin duda de gran peso.

El juez o jueza que desea afrontar y resolver un problema ético no solo dispone, como material normativo referencial, de los Principios de Ética, como texto "prescriptivo", sino también de la posibilidad de acceso a otras fuentes de autoridad propias del mundo jurídico (como los derechos humanos y fundamentales, otras normas jurídicas, la doctrina del Tribunal Europeo de Derechos

Humanos, los textos éticos internacionales, los dictámenes de la Comisión de Ética). En efecto, a la hora de tomar posición sobre cualquier problema ético, puede servir de guía la consideración de diversos elementos o referentes normativos, no solo la formulación de los principios éticos en España, sino la de otros textos[171], no solo los dictámenes de la Comisión de Ética Judicial de nuestro país, sino también las interpretaciones que puedan llevar a cabo las diversas comisiones de ética judicial de países de nuestro entorno[172].

También es posible acudir a fuentes ajenas al ámbito normativo legal o ético (el consejo de otras personas, la consulta a la Comisión de Ética Judicial, la lectura, etc.). Y cada vez aparecen con más fuerza como fuente de autoridad las aportaciones reflexivas sobre "conceptos éticos indeterminados", si se me permite la expresión, como "la integración social del juez", "la percepción de un ciudadano medio", "la apariencia de imparcialidad", "el *balance* entre las libertades del juez y la garantía de su independencia" o "el peligro para la Democracia, el Estado de Derecho o los Derechos Fundamentales" como causa legitimadora de la expresión o manifestación del juez. Poco a poco, las aportaciones reflexivas de los diversos grupos internacionales y de las diversas comisiones de ética van configurando el equivalente a lo que podríamos llamar una "jurisprudencia ética", si vale el término, se van fijando, desde los concretos casos, concepciones generales.

3.1 La integración social del juez

La Carta Europea del Consejo de Europa sobre el Estatuto de los Jueces (1998) establece que los jueces pueden realizar libremente

---

171 Como los Principios de Bangalore y su Comentario, la Carta Europea del Consejo de Europa sobre el Estatuto de los Jueces, los Principios de la Oficina de Naciones Unidas contra la Droga y el Delito, Códigos éticos de otros países (Canadá, Francia, Alemania, etc.) o de otras organizaciones (por ejemplo, el Código ético del Tribunal Europeo de Derechos Humanos).

172 Desde la tradición de la ética continental y de la anglosajona.

actividades fuera del ámbito judicial, incluidas aquellas que materializan sus derechos como ciudadanos.

Los Principios de Bangalore aclaran que, "sujeto al adecuado desempeño de las funciones judiciales, el juez puede", entre otras cosas, "escribir, dar conferencias, enseñar y participar en actividades relacionadas con la ley, el sistema legal, la administración de justicia o materias conexas", "comparecer en audiencia pública ante un organismo oficial que se ocupe de asuntos relacionados con la ley, el ordenamiento jurídico, la administración de justicia o cuestiones conexas" o "dedicarse a otras actividades si dichas actividades no menoscaban la dignidad del cargo judicial o interferir de otra manera con el desempeño de deberes judiciales".

En relación con la participación pública, actividad cívica y caritativa, en Canadá se valora (5.B.9 a 5.B.13) que "[m]uchos jueces desean participar o continuar participando en diversas formas de servicio público para sus comunidades" y que "esa participación beneficia a la comunidad y a los jueces. Por un lado, es probable que haya aspectos beneficiosos de que el juez participe activamente en formas apropiadas de servicio público. Los jueces administran la ley en nombre de la comunidad y son designados para servir al público. Por lo tanto, el aislamiento innecesario de la comunidad no promueve juicios sabios o justos. Para llevar a cabo su trabajo con competencia y diligencia, y de manera consistente con sus deberes judiciales, se alienta a los jueces a aprovechar oportunidades para interactuar con el público en general y aprender de él, incluidas comunidades con las que tienen poca o ninguna experiencia de vida. Aunque el texto añade que tal participación también conlleva riesgos[173].

---

173 "La participación cívica del juez puede, en algunos casos, poner en peligro la percepción de imparcialidad. Los jueces deben actuar con cautela al considerar su participación en actividades comunitarias y estar atentos a los límites que el nombramiento judicial impone a su libertad para realizar estas actividades. La participación comunitaria por parte del juez debe evaluarse a la luz de la forma de servicio público bajo consideración, las actividades y objetivos de la

"Trabajar en un ámbito diferente ofrece a los jueces la oportunidad de ampliar sus horizontes y les proporciona una conciencia de los problemas de la sociedad que complementa los conocimientos adquiridos en el ejercicio de su profesión. Por el contrario, entraña algunos riesgos nada despreciables: podría considerarse contrario a la separación de poderes y también podría debilitar la opinión pública sobre la independencia y la imparcialidad de los jueces"[174].

"El aislamiento total de la comunidad y la sociedad no es realista ni se exige a los jueces y fiscales, ni tampoco sería deseable en ningún caso, ya que la administración de justicia, si bien se basa en la ley y en las pruebas ante quien toma las decisiones judiciales, debe, sin embargo, ser informada mediante la concienciación y el compromiso con la comunidad y la sociedad".

---

organización, el papel que desempeñará el juez dentro de ella, el riesgo de que la organización pueda verse involucrada en litigios y cualquier otro factor relevante. En términos generales, los jueces deben abstenerse de ser miembros o asociarse con grupos u organizaciones o de participar en debates públicos que, en la mente de una persona razonable e informada, socavarían la confianza en la imparcialidad de un juez con respecto a cuestiones que podrían acudir ante los tribunales. Al servicio de sus comunidades, los jueces no deben dar asesoramiento jurídico o de inversión, y deben evitar involucrarse en causas u organizaciones que probablemente se verán involucradas en litigios. Los jueces deberían tener aún más cautela al considerar si deben convertirse en funcionarios o directores de organizaciones comunitarias. Si bien, en el pasado, los jueces canadienses han ocupado puestos de liderazgo en organizaciones como universidades y organismos religiosos, este servicio es potencialmente problemático. El riesgo de que dichas organizaciones se vean involucradas en litigios o sean objeto de controversia pública crea la posibilidad de que el juez quede en una posición incómoda, tanto en relación con la confianza pública en la imparcialidad del juez como en el poder judicial en su conjunto. Si bien los jueces pueden considerar aceptar tales posiciones, antes de hacerlo deben reflexionar sobre cuestiones de conflicto real o percibido, todo con miras a determinar si el rol puede estructurarse de tal manera que se eviten conflictos y apariencias de conflicto".

174 Opinión n. 3 del Consultative Council or European Judges del Consejo de Europa, ap. 35.

En el Comentario a los Principios de Bangalore se dice que un juez puede dedicarse a las artes, deportes y otras actividades sociales y recreativas" y puede, dentro de ciertos límites, "participar en organizaciones comunitarias sin fines de lucro de diversos tipos, convertirse en miembro de una organización y su órgano de gobierno", como por ejemplo una "organización benéfica, organizaciones, consejos universitarios y escolares, organismos religiosos laicos, juntas de hospitales, organizaciones sociales, clubes, organizaciones deportivas y organizaciones que promuevan intereses culturales o artísticos." Sin embargo, se debe evitar la participación social cuando el "objeto de la organización sea político o sea "probable que sus actividades expongan al juez a controversia pública", o "sea probable que [la organización] se vea involucrada regular o frecuentemente en litigios". Además, "un juez no debe ser miembro de cualquier organización que discrimine por motivos de raza, sexo, religión, origen nacional, u otra causa irrelevante y sea contraria a los derechos humanos fundamentales."

Dice la "Guide to Judicial Conduct" inglesa que "[l]a participación judicial en organizaciones educativas, caritativas, religiosas y de otro tipo puede generar valor para las comunidades. Sin embargo, los titulares de cargos judiciales siempre deben tener cuidado con la alcance y naturaleza de su participación[175].

En el Dictamen 2/2023, sobre la asistencia a una manifestación, con cita de la Declaración de Londres de 2010, la Comisión de Éti-

[175] Se deben tener en cuenta los siguientes factores: a) La participación no debe comprometer la independencia judicial ni poner en riesgo el estatus o integridad del cargo judicial; b) Se debe considerar cuidadosamente la posibilidad de convertirse en portavoz público de una organización; c) La participación no debe ser tan onerosa ni consumir tanto tiempo como para interferir con el ejercicio de funciones judiciales; d) En el caso del pertenecer a un poder judicial asalariado, el juez no debe estar involucrado en la gestión empresarial activa; e) La participación no debe tener como objetivo un disfrutar de un estatus económico, ni basarse la titularidad ola respetabilidad de una organización en el cargo judicial.

ca Judicial española ha dicho que "las específicas obligaciones de los jueces no se oponen a que lleven una vida social normal".

En Canadá se refleja en los "Principios éticos para jueces" que: "Los jueces deben abstenerse de conductas tales como formar parte de grupos u organizaciones o la participación en debates públicos [lo que incluye *manifestaciones*] que, en la mente de una persona razonable, imparcial e informada, socavaría la confianza en la imparcialidad de un juez con respecto a cuestiones que podrían presentarse ante los tribunales". También se recoge que "los jueces deben abstenerse de... participar públicamente en discusiones políticas controvertidas, excepto con respecto a cuestiones que afecten directamente el funcionamiento de los tribunales, la independencia del poder judicial o aspectos fundamentales de la administración de justicia."

Según el Comentario a los Principios de Bangalore, los jueces deben recordar que sus comentarios públicos pueden considerarse un reflejo de las opiniones del poder judicial. Es difícil para un juez expresar opiniones que puedan ser tomadas sólo como puramente personales y no como las del poder judicial en general.

Si un juez ha ejercido previamente estas libertades [de expresión, de manifestación] de una manera que daría lugar a un temor razonable de parcialidad en la conducción posterior de un caso, al menos deben existir reglas para garantizar que el juez se abstendrá de un asunto abierto o sobrevenido, y los jueces deben respetar esas normas y abstenerse en la práctica cuando sea necesario para garantizar que la justicia sea independiente e imparcial y que se la considere independiente e imparcial[176].

3.2 La apariencia de imparcialidad

Uno de los elementos que debe considerar el juez o jueza es si la decisión que ha de tomar pone en tela de juicio su apariencia de im-

---

176 MORAN, loc. cit. nota 180.

parcialidad[177]. Estamos en el ámbito externo, social, de modo que el juez puede entender que lo que quiere hacer es bueno y no afecta este principio, pero esa percepción subjetiva, incluso la certeza de que no va a afectar no es suficiente, estamos en contexto de lo que en términos de proceso justo sería la "imparcialidad objetiva[178]."

Dicen los Principios de Bangalore que el juez o jueza tiene la obligación de mantener y aumentar la confianza del público, de la abogacía y de los litigantes en la imparcialidad del juez y de la judicatura.

Esta preocupación por la apariencia de imparcialidad viene recogida en los Principios 17, 19, 24, 31 y la Comisión de Ética Judicial española ha dicho que "el público conocimiento de la participación del juez/a en [una] tal actividad pueda generar en las restantes partes, en otros profesionales que intervienen en el mismo juzgado o tribunal, o en la propia opinión pública la sospecha o la consideración de que el juez/a pueda tratar con algún tipo de favoritismo a los profesionales (Dictámenes 3/2018 y 3/2019).

Ha añadido que "la apariencia de imparcialidad debe de predicarse de todas las actuaciones no jurisdiccionales de los integrantes del Poder Judicial" (Dictamen 8/2020), lo que ha aplicado a

---

177 El Principio 2.2 de Bangalore establece que "un juez garantizará que su conducta, tanto dentro como fuera del tribunal, mantenga y mejore la confianza del público, la profesión jurídica y los litigantes en la imparcialidad del juez y del poder judicial". El Comentario explica que además de evitar comunicaciones ex parte con cualquier persona involucrada en un caso presentado ante él o ella, "también fuera del ámbito del tribunal, un juez debe evitar el uso deliberado de palabras o conductas que puedan dar lugar razonablemente a una percepción de ausencia de imparcialidad" (asociaciones o intereses comerciales, comentarios que él o ella pueda considerar bromas inofensivas pueden disminuir la percepción de imparcialidad del juez). Toda actividad política partidista y de asociación deben cesar al asumir la función judicial.

178 Se debe asegurar que el juez ofrece garantías suficientes que puedan excluir toda duda razonable sobre su imparcialidad (STEDH 20 mayo 1998, Gautrin y otros c. Francia, § 58, STEDH 10 junio 1996, Thomann c. Suiza, § 30, STEDH San Leonardo Band Club c. Malta 29 octubre 2004).

la libertad de expresión (Dictamen 6/2020) y a la percepción de regalos (Dictamen 5/2019), aunque "cabría aceptar los pequeños obsequios en sí mismos tolerables por las convenciones sociales (Dictamen 10/2019).

Ha concluido que "las informaciones u opiniones emitidas por el juez en ejercicio de la libertad de expresión y al servicio de la deseable transparencia deben efectuarse en todo caso con prudencia y moderación" (Dictámenes 17/2019 y 4/2020), también sobre la expresión de opiniones, comentarios y reacciones por los jueces en las redes sociales (Dictamen 4/2020).

3.3 El balance entre las libertades del juez y la garantía del justo proceso

Por principio, es positiva la contribución (no abusiva) de las juezas y de los jueces a la formación de una opinión pública libre y a la generación de una cultura judicial (en cuanto parte de la cultura jurídica), que incentive el desarrollo de las virtudes judiciales[179]. Una política de silencio judicial no sólo es innecesaria, sino también indeseable, niega a los jueces el derecho a expresar sus opiniones y roba a la sociedad un recurso educativo apreciable[180].

---

179 Altura de miras, sentido de la justicia, valentía, modestia o autorrestricción y cierta capacidad para ver el mundo y a los demás con distancia y con simpatía al mismo tiempo, que constituye uno de los ingredientes fundamentales de la prudencia, de la frónesis (ATIENZA RODRÍGUEZ, M:, en "Estatuto Judicial y Límites a la Libertad de Expresión y Opinión de los Jueces", José Gabaldón López, Ricardo Bodas Martín, Manuel Atienza, Francisco Racionero Carmona, Santiago Martínez-Vares García, Arturo Beltrán Núñez, Revista del Poder Judicial, ISSN 1139-2819, Nº Extra 17, 1999, pp. 435 y 443).

180 MORAN, J.: "Courting Controversy: The Problems Caused by Extrajudicial Speech and Writing" (2015), p. 57, citado por Seibert-Fohr, A.: "The Independence of Judges and their Freedom of Expression: An Ambivalent Relationship", en el libro "The Rule of Law in Europe", p. 89. (April 19, 2019). First Online: 21 April 2021: https://ssrn.com/abstract=3375038 o http://dx.doi.org/10.2139/ssrn.3375038

En el concreto ámbito de las libertades de los jueces, dice el art. 11 CEDH que toda persona tiene derecho a la libertad de reunión pacífica y a la libertad de asociación, incluido el derecho a fundar, con otras, sindicatos y de afiliarse a los mismos para la defensa de sus intereses y que el ejercicio de estos derechos no podrá ser objeto de otras restricciones que aquellas que, previstas por la ley, constituyan medidas necesarias, en una sociedad democrática, para la protección de la moral[181], o de los derechos y libertades ajenos. Estos derechos alcanzan a las juezas y jueces como miembros de la Administración del Estado[182].

Al tiempo, el art. 6 CEDH consagra el derecho a un proceso justo, el de toda persona a que su causa sea oída equitativamente por un tribunal independiente e imparcial, establecido por ley, que decida sobre el fundamento de cualquier acusación en materia penal dirigida contra ella.

El juez ha de ser prudente. Cuando los jueces expresan sus opiniones, se reúnen o se manifiestan de una manera que suscita preocupación sobre su independencia e imparcialidad, las restricciones pueden ser apropiadas para preservar el Estado de Derecho y los derechos de los litigantes al debido proceso. Se espera de los jueces, cuando expresan sus opiniones, que ejerzan moderación cuando sea

---

181 Más precisamente, en la Declaración Universal de Derechos Humanos (DUDH) se dice "las justas exigencias de la moral, el orden público y el bienestar general en una sociedad democrática" (art. 29.2 DUDH).

182 En sentido similar, la Declaración Universal de Derechos Humanos (DUDH (art. 19 a 22), y por otro lado recoge la necesidad de que los tribunales serán independientes e imparciales (art. 10). También, art. 8 de los "Principios básicos relativos a la independencia de la judicatura" de UN, de 6 septiembre 1985, confirmados por la Asamblea General en sus resoluciones 40/32 de 29 de noviembre (libertad de reunión, aunque en el ejercicio de este derecho "los jueces se conducirán en todo momento de manera que preserve la dignidad de sus funciones y la imparcialidad e independencia de la judicatura") y otros textos internacionales (vid. citas en "Judges' and Prosecutors' Freedoms of Expression, Association and Peaceful Assembly, Submission to the United Nations Special Rapporteur on Independence of Judges and Lawyers for his upcoming report to the Human Rights Council", febrero 2019).

probable que su autoridad e independencia sean puestas en duda. Deben actuar con moderación e integridad, mayores en la esfera representativa, pública, es decir, cuando la jueza o juez actúan en representación del poder judicial ya sea con carácter general, ya sea en la esfera de la toma de decisiones judiciales, incluso éticas.

El ATC 180/2013 aclara que "[l]a imparcialidad que exige el art. 22 LOTC [cfr. con el art. 117.1 CE, con los arts. 1 y 12 a 14 LOPJ y con los principios de ética n. 16, 17 y 19] no equivale a un mandato de neutralidad general o a una exigencia de aislamiento social y político casi imposible de cumplir en cualesquiera profesionales, también en los juristas de reconocida competencia. La inevitable incidencia en la interpretación jurídica de las particulares concepciones del Derecho y visiones del mundo de cada Magistrado se refleja en la necesaria pluralidad de perspectivas jurídicas que confluyen en las deliberaciones y decisiones del Tribunal como órgano colegiado por excelencia (...) En el ejercicio de sus funciones los miembros de este Tribunal Constitucional [*cfr. respecto a otros jueces y juezas*] actúan sometidos a estrictos parámetros jurídicos y con el solo medio de la argumentación jurídica para resolver las controversias que llegan a su conocimiento, incluso las que presentan un perfil o unas consecuencias más netamente políticos, sin más subordinación que a la Constitución. Los argumentos, que son objeto de la pertinente y en ocasiones prolongada deliberación en las sesiones colegiadas, quedan recogidos debidamente en los fundamentos jurídicos en los que se apoya la decisión que resuelve el proceso constitucional de que se trate. En última instancia, la obligada motivación en la que se sustentan las resoluciones garantiza su transparencia y su accesibilidad, a través de la puntual publicación de las mismas, tanto para las partes del proceso como para la comunidad jurídica y la sociedad en general. Esa nota diferencial del Tribunal Constitucional respecto del Poder Judicial resulta habitual en el Derecho comparado (...). También la STEDH de 22 junio 2004, caso Pabla K c. Finlandia, ha tenido la oportunidad de pronunciarse sobre la incidencia de la afiliación política en la imparcialidad de los miembros de tribunales, en el sentido de que un juez que como político aprobó determinada Ley, puede ser imparcial si como juez no se ve afectado *ad casum*[183].

Según el Convenio Europeo de Derechos Humanos, mantener la autoridad y la imparcialidad del poder judicial es una de las razones por las que la libertad de expresión puede ser restringida. Expresar el juez sus puntos de vista sobre las reformas legislativas y tomar una postura sobre cuestiones relacionadas con el poder judicial puede generar preocupaciones sobre su imparcialidad y sobre la autoridad del poder judicial, en general[184].

La Carta Europea permite a los jueces formar parte de actividades extrajudiciales apropiadas, como la participación "en actividades patrocinadas por organizaciones o entidades gubernamentales interesadas con la ley, el sistema legal o la administración de justicia". Y esta libertad no puede limitarse sino en la medida en que dichas actividades externas sean incompatibles con la confianza en un juez, su imparcialidad o independencia, o su necesaria disponibilidad para tratar con atención y dentro de un plazo razonable los asuntos que se le sometan[185].

En el Comentario a los Principios de Bangalore se recoge que "[e]n principio, un juez puede, por ejemplo, "escribir, dar conferencias, enseñar y hablar sobre temas no jurídicos". En ellos se refiere especialmente la necesidad de que los jueces sean "independientes en relación con la sociedad en general y en relación con las partes de una disputa que el juez tenga que resolver", aunque el Comentario enfatiza que el juez no debe estar completamente aislado de la comunidad en la que vive. En cualquier caso, los jueces deben,

---

183 STEDH de 22 de junio de 2004, Caso Pabla Ky C. Finlandia. La Corte razonó que "aun suponiendo que la participación de un diputado, por ejemplo, en la adopción de una medida legislativa general pudiera suscitar dudas sobre sus funciones judiciales posteriores, no se puede afirmar en el presente caso que, debido a su calidad de miembro del Parlamento, M. P. se viera afectado a título diferente por el objeto del asunto de la sociedad demandante".

184 SEIBERT-FOHR, A.: "The Independence", cit.

185 Ap. 4.2 de la Carta Europea sobre el Estatuto de los Jueces.

tanto en realidad como en apariencia, "estar libres de conexiones inapropiadas y de influencias de los poderes ejecutivo y legislativo", lo que implica que se puedan imponer restricciones más onerosas a sus relaciones personales o profesionales con miembros de esos poderes, a diferencia de sus relaciones con otras personas.

Se trata en suma de alcanzar el "*threshold of seriousness*", el umbral de seriedad que es exigible a todo juez o jueza. La libertad de expresión [y de manifestación] es más fuerte cuando los jueces expresan sus puntos de vista relacionados con sus asuntos individuales, mientras que, en asuntos relacionados con la toma de decisiones judiciales, se espera que ejerzan más moderación[186].

4. LA CUARTA FASE

Definido el problema ético, analizados sus pros y contras, contrastado el problema con los referentes normativos, incluidos los conceptos éticos indeterminados y lo que he llamado "jurisprudencia ética", el juez o jueza estará en disposición de decidir. Tomada la decisión, adquiere enorme importancia el examen de su razonabilidad ético-judicial[187] (expresar opinión, manifestarse, etc.). Estamos en el contexto de argumentación y justificación, que en este tipo de decisiones no necesita exteriorización, plasmación oral o escrita de las "buenas razones". Pero es evidente que el observador externo las presumirá y juzgará como "buenas" o "malas".

En tal contexto, de nuevo, la jueza o juez, tendrá que sopesar los efectos de su decisión, a la luz del sentido general de oportunidad y eficacia. La última reflexión debe venir referida a la consideración del contexto de la decisión ética y a su virtualidad.

---

186 SEIBERT-FOHR, A.: "The Independence", cit.

187 Dictamen 2/2023 de 18 de septiembre 2023, sobre la asistencia a una manifestación como ciudadano. Por supuesto, no en calidad de miembro del Poder Judicial ex art. 395 LOPJ.

La toma de decisiones debe llevar finalmente a valorar la percepción, el contexto, los efectos que puede producir en el receptor. El juez vive en sociedad y a la hora de tomar una decisión ética debe ponderar los efectos que su decisión pueda producir en una persona medianamente informada, el efecto que pueda producir en un ciudadano medio. En este sentido, ha de atender siempre a la perspectiva de un observador razonable[188] y la percepción pública es un criterio importante para valorar la autoridad, imparcialidad e independencia del poder judicial[189]. Y ha de convencerse de la virtualidad de la decisión, de su eficacia al fin que persigue.

La prueba de incorreción en la decisión se da cuando "una persona consciente de los hechos podría albergar razonablemente una duda de que el juez sería capaz de actuar con integridad, imparcialidad y competencia", de modo que, en suma, "el juez debe evitar actividades extrajudiciales que puedan razonablemente dar lugar a que sea descalificado"[190], pero si supera este test, ha de poder decidir y actuar con plena libertad.

---

188 Art. 14 del Código Iberoamericano de Ética Judicial, desde la perspectiva de los regalos, citado en el D. 2/2023.

189 SEIBERT-FOHR, A.: "The Independence", cit.

190 Comentarios del Comité Asesor a los Cánones 2A y 4A de los Principios de Ética, Corte Suprema de California.